「個別最適な学び」と「協働的な学び」を実現する国語授業モデル

主体的な学びを支える「ロングレンジ」の活動アイデア

水戸部修治 著

明治図書

まえがき

多様な実態にある子供たちに対して、具体的にどのような授業展開を考えればよいのか、どんな手立てが効果があるのだろうかと悩む教師も多くおられるのではないでしょうか。

本書は、前著『国語授業の「個別最適な学び」と「協働的な学び」―主体的な学びを支える「ロングレンジ」の学習活動』を具体化する一冊として執筆したものです。前著に続いて本書を刊行する機会をいただきましたことに心より感謝を申し上げます。

本書は、おおよそ学習指導案に近い形態を採用し、「ロングレンジ」の学習活動を軸として、子供が主体的に学習に取り組み、協働的に関わり合い、学びを深めていくために効果を発揮した手立てをふんだんに取り込んだ事例集となっています。事例一つ一つの授業展開や細部の手立てにも意味をもたせています。その趣旨をご理解いただいた上で、掲載の事例を目の前の子供たちの意識に即したものになるよう応用したり、実態に応じて柔軟に組み替えたりして活用することで大きな効果が得られます。

そのため、実践に当たっては、ぜひ本書の理論編に当たる前著と、本書とを合わせてご活用いただければと願っています。

また掲載している事例は、いずれも数多くの教室での実践をくぐらせて検証してきたものです。研究を始めて間もない授業者、経験年数のごく少ない授業者でも、的確な言語環境的支援を打つことで、子供たちの姿はみるみる素晴らしいものに変わっていきました。

こうした共同研究を進める機会をいただいたたくさんの小学校、そして授業者の皆様に、この場をお借りして深く御礼を申し上げます。とりわけ、読者の皆様に授業構想やその具体像をイメージいただくための手立てに関する写真等の掲載を許可いただきました、糸満市立糸満小学校、大東市立深野小学校、京都市立下京渉成小学校、沖縄市立比屋根小学校、尼崎市立立花西小学校、宝塚市立安倉北小学校、京都女子大学国語科教育内容論受講者の皆さん、那覇市立小禄南小学校、石垣市立新川小学校、京都市立岩倉北小学校、大東市立住道北小学校、京都市立第三錦林小学校（いずれも掲載順）の皆様に対しまして、そのご高配に衷心より感謝申し上げます。

本書が、読者の皆様の国語科授業改善の一層の推進の一助となればと願ってやみません。

二〇二四年八月

京都女子大学教授　水戸部修治

目次

話すこと・聞くこと

読むこと（物語文）

第1章

個別最適な学びと協働的な学びを実現する国語科の授業づくり

第1節
国語科における「個別最適な学び」と「協働的な学び」とは

国語科における「個別最適な学び」と「協働的な学び」とはどのようなものでしょうか。それを考える手掛かりとして、次の二つを挙げることができます。

○中央教育審議会「『令和の日本型学校教育』の構築を目指して〜全ての子供たちの可能性を引き出す、個別最適な学びと、協働的な学びの実現〜（答申）」（令和三年一月）

○「小学校学習指導要領（平成二九年告示）」第2章第1節国語

まず中教審答申では、「個別最適な学び」について、次のように指摘しています。

「指導の個別化」と「学習の個性化」を教師視点から整理した概念が「個に応じた指導」であり、この「個に応じた指導」を学習者視点から整理した概念が「個別最適な学び」である。

（傍線は筆者、以下同じ）

また学習指導要領では、国語科の教科目標の冒頭に次のように示しています。

言葉による見方・考え方を働かせ、言語活動を通して、国語で正確に理解し適切に表現する資質・能力を次のとおり育成することを目指す。

すなわち、国語科における「個別最適な学び」と「協働的な学び」とは、言語活動を通して指導事項を指導するという国語科の学習指導の基本的な枠組を踏まえて、従来以上に学習者の視点を重視した授業実践として具体化していくものであると言うことができるでしょう。教師側の視点で教え込むことに留まるのではなく、学習者の視点を一層重視して学習指導を進めるなかで、一人一人の子供がよりよく言葉の力を獲得していくことを目指すものだとも言えます。

こうした授業づくりを進める上では、次のような点が重要になります。

○言語活動を通して指導事項を指導するという国語科の本質的な授業改善を図る
○一人一人の子供にとって必然性のある学びを目指す
○子供が自律的に学び進めるための緻密な手立てを構築する

第2節 「個別最適な学び」と「協働的な学び」の授業構想ポイント

国語科における「個別最適な学び」と「協働的な学び」を目指す授業づくりを進めるなかで、典型的に見られる学習の姿があることが分かってきました。いわゆる「ロングレンジ」の学習活動です。

この学習活動は、より具体的には次のように説明することができます。

> ○子供たちが魅力的な言語活動のゴールに向かい、ゴールイメージや解決方法などの見通しをもって、学習活動等を選んだり決めたりするなど試行錯誤しつつ、自律的に判断して学習活動を進めるための一定程度の長い時間を確保した柔軟な学習活動の枠組。

こうした学習活動を実現する上では、次のようなことが重要になります。

○子供たちにとって魅力的なゴールに向かっていく学びであること

子供たちが向かっていくゴールは、子供たち自身にとって魅力的な言語活動のゴールです。ワークシートやドリルを自由な進度で書き進めていくような学習ではなく、国語が苦手な子もその意味や価値をよりよく実感しながら学び進めていけるよう、魅力的なゴールを工夫することが、生きて働く言葉の力を自律的に身に付ける学びにもなっていきます。

○子供たち自身が判断したり、選択・決定したりする機会が多く含まれていること

教師の側から見れば、指導のねらいを明確にした授業構想が必須ですが、そのねらいを実現する言語活動のゴールやそこに至る道のりは、一人一人少しずつ違ってくるのが自然です。子供たちの判断、選択・決定の機会をできるだけ多くしていくことが肝要です。

○子供たちが自律的に学び進めるための、教師の言語環境的支援が施されていること

「個別最適な学び」と「協働的な学び」の実現を目指す上では、教師の出番は、直接的な発問・指示が中心ではなく、言語環境的支援ということになります。例えば幼児教育で環境構成によって育ちを促すことと同様に、子供たちの学びをより確かなものにしていく上では、子供が言語活動を行うための、教師の緻密な言語環境的支援が必須になります。

第2章

「ロングレンジ」の学習活動を位置付けた領域別授業アイデア

第1節　1年「こんなものみつけたよ」「よくきいて、はなそう」

■事例の概要

1　単元名　探検して見付けたことを紹介し合おう

2　単元で指導する主な指導事項

○〔知識及び技能〕(1)ア　言葉には、事物の内容を表す働きや、経験したことを伝える働きがあることに気付くこと。

○〔思考力、判断力、表現力等〕「A　話すこと・聞くこと」

(1)ア　身近なことや経験したことなどから話題を決め、伝え合うために必要な事柄を選ぶこと。

(1)エ　話し手が知らせたいことや自分が聞きたいことを落とさないように集中して聞き、

話の内容を捉えて感想をもつこと。

3 言語活動とその特徴

入門期の話し言葉の学習を取り上げます。一年生の実態として、語彙が少なくしっかり話したり聞いたりする力がついていない、個人差が大きくて高学年以上に対応が難しいなど悩むこともあるでしょう。しかし子供たちの日常をつぶさに見てみましょう。入学したての一年生でも、いえそうした時期だからこそ、体験したり強く感じたり思ったりしたことを大人では発想できないような言葉で感性豊かに表現する姿を発見できるでしょう。

その一方で、子供の意識や活動とは切り離して、特定の話題について型通りに話させよう、聞かせようとしてしまうと、そうした指示や発問に乗れない子供が出てきても不思議ではありません。また学習規律を教え込むことを過度に目的化してしまうと、かえって子供たちの学びに向かおうとする姿を引き出しにくくしてしまいます。

入門期の言語活動を組織する際に特にポイントとなるのは、学校生活全体を見通し、話したり聞いたりしたいという思いを膨らませるタイミングを生かした、より自然な場や言語環境構成を工夫することです。そこで本事例では、生活科の校内めぐりの活動との関連を図り、話したり聞いたりしたくてたまらない姿を生かした学習を目指します。

話すこと・聞くこと
書くこと
読むこと（説明文）
読むこと（物語文）

■ロングレンジを取り入れた単元構想のポイント

教科書には、複数の教材で構成する入門期教材があります。この特徴を十分生かします。その際学校生活全体を見通し、より柔軟に教材配列を入れ替えたり組み合わせたりするなど、カリキュラム・マネジメントを工夫して展開することが有効です。

本事例では、生活科の校内めぐりの活動を生かすことで、「こんなものみつけたよ」の学習を、子供たちにとって自然な学習場面として設定します。更に、観察したことを口頭で伝え合えば、友達が発見したことをもっと聞きたいと思う意識を自然に引き出すことができます。そのタイミングを生かして「よくきいて、はなそう」の学習を組み合わせて行っていきます。ここでは「話すこと・聞くこと」のねらいの実現を目指す学習を主に紹介していますが、発見したものを文字に書きたいという思いを生かすならば、平仮名の表記を学ぶ教材と組み合わせて、文字に書いて紹介する活動を組み込むことも考えられます。例えば促音の表記を学ぶ際、「音楽室に『もっきん』があった」など子供たちにとって生きて働く言葉の力として表記の仕方を身に付け、活用する機会を提示することが可能です。

■単元の指導計画（2時間扱い）

時	学習活動（○）	指導上の留意点（・）
1	○校内巡りから戻ってきたら、発見したこと、びっくりしたこと、面白かったこと、初めて見たものなどをペアで伝え合う。（本時1／2）	・入学当初の生活科の活動である校内巡りと関連付けて国語科の学習の時間を設定する。 ・生活科・国語科を区切って行うのではなく、連続的に行い、子供たちの自然な学びの意識を引き出す。 ・体験したことと表現とのインターバルをできるだけ短くし、体験した新鮮な思いが色褪せないうちに一人一人が言葉にできるよう配慮する。 ・ペアで伝え合う際には、親しい友達と話し合う会話口調でよいこととする。必要に応じて教師と子供とで、お手本の交流をしてみて、やり取りのイメージを共有していく。 ・校内の訪問先として想定される教室の写真を黒板に掲示しておき、説明したい、もしくは説明を聞きたい教室の写真の掲示場所に行ってペアをつくり、対話を繰り返す。

2
○次の校内巡りで見たいものをはっきりさせるために、どんな発見や気付きがあったかを全体で報告し合う。 ○二回目の校内巡りから戻ったら、発見したことや気付いたことなどを口頭で報告し合う。
・第二回目の校内巡りに向けて、どこでどんなものを詳しく見てみたいかについて見当をつけるという目的をもたせ、発見や気付きを友達に教えたり、友達から聞いたりしたいという思いを喚起する。 ・ペアでの交流と異なり、多くの人の前で説明したり尋ねたりするため、丁寧な言葉で話すことを印象付けられるように、報告用の台を準備して、多くの人に話すという意識を喚起する。 ・子供たちの報告を受けて、同じ教室を訪問しても、一人一人気付いたことや感じたことなどが異なっていることや詳しく観察すると発見がたくさん見付かることなどを共有する。 ・前時と同様の手順で進めることで、単位時間の学習を見通して安心して学べるようにする。 ・子供たちの反応を踏まえながら、報告する内容に関する語句（りかしつ、てっきん、にねんせい　など）をカードに書く学習も取り入れられるようにする。

■本時の指導（本時1／2）

①本時の指導目標

校内巡りで発見したり新たに気付いたりしたことから報告したいことを選ぶとともに、聞きたいことを落とさずに尋ねることができる。（A(1)ア、エ）

②本時の指導計画

分	学習活動	指導上の留意点（・）と評価規準（◇）
0	1　校内巡りから戻り次第、発見したことや気付いたことを友達に伝えてみる。	・子供たちの多くは、校内巡りから戻れば口々に発見したことを表現しようとする。教師はその表現を止めることなく、子供たちの状況を把握したり聞き手として言葉を引き出したりしていく。
5	2　本時の学習の目当てを確かめる。 発見したことを友達にお知らせしたり、友達の発見を聞いたりしてみよう。	・学習活動1での子供たちの状況を踏まえ、一区切りがついたところで、「もっとたくさんのお友達に発見したことをお知らせ

7

3　写真を手掛かりに場所を決め、ペアになって報告し合う。

したり聞いたりしたいよね」などと、報告したり尋ねたりすることに意識を向ける働きかけを行う。

・校内巡りで子供たちが関心をもちそうな場所（校長室、各教室、特別教室、体育館等）を想定して事前に写真撮影しておき、子供たちが教室に戻る前に教室の壁面にプリントアウトした写真を貼り付けておく。

・教師が子供とペアになり、説明したい教室等の写真のそばで対話のモデルを示してイメージを共有する。

・同じ写真を選んだ友達とペアになり、発見を報告したり、聞きたいことを尋ねたりする。対話が終わったら、同じ場所もしくは別の教室等の写真が掲示されている場所に移動し、対話を繰り返す。

・教師は子供とペアになり、話を引き出したり尋ねたりする。

◇学校巡りで発見したことなどから報告したいことを選んで話している。（A⑴ア）

30

4　次の校内巡りで見たいものをはっきりさせるために、どんな発見や気付きがあったかを全体で報告し合う。

◇聞きたいことを落とさずに尋ねている。（A⑴エ）

・報告用の低い台を用意しておき、そこで報告することで、全員に向けて話すという意識をもたせたり、話す楽しさを味わわせたりする。

45

■個別最適な学びを実現する指導のポイント

「こんなものみつけたよ」では、全員が同じ対象を観察して同じ内容を正しい型で説明することを目指すのではなく、「Ａ　話すこと・聞くこと」の⑴アに重点を置き、「発見したことを伝えたい」という意識を重視します。仮に全員が一緒に同じルートで校内巡りをしても、着目した対象は一人一人異なります。それが伝えたいという思いを引き出します。

■協働的な学びを実現する指導のポイント

「よくきいて、はなそう」では、「Ａ　話すこと・聞くこと」の⑴エの指導事項の中でも、「自分が聞きたいことを落とさないように集中して聞」くことに重点を置き、ぜひとも聞きたいという思いを引き出します。なお同じくエの「話し手が知らせたいこと」を聞くことを重点的に指導するのであれば、ワクワクドキドキの校内巡りを成功させるために、教師が話す「校内巡りの約束」などを注意深く聞くといった場面を生かすとよいでしょう。

第2節　2年
「あったらいいな、こんなもの」

■事例の概要

1　単元名　こんなものがあったらいいなと思うものを説明しよう

2　単元で指導する主な指導事項

○〔知識及び技能〕(1)オ　身近なことを表す語句の量を増し、話や文章の中で使うとともに、言葉には意味による語句のまとまりがあることに気付き、語彙を豊かにすること。

○〔思考力、判断力、表現力等〕「A　話すこと・聞くこと」

(1)ア　身近なことや経験したことなどから話題を決め、伝え合うために必要な事柄を選ぶこと。

(1)エ　話し手が知らせたいことや自分が聞きたいことを落とさないように集中して聞き、

話の内容を捉えて感想をもつこと。

3　言語活動とその特徴

日常生活を振り返り、こんなものがあったらいいなと願うものを発想して説明し合う言語活動を位置付けます。話題を吟味してスピーチすることで、A⑴アの資質・能力を、説明し合う際に質問する場を重点的に位置付けることで、A⑴エの資質・能力を育成します。

自由に想像を広げることのできる魅力的なテーマですが、子供たちの発想が思いのほか広がらず、似通ったものになりがちで、パターン化してしまうという悩みを聞くことがあります。そうした場合は、子供一人一人が説明したいという思いを強く抱けるように、例えば今はまだないけれど、ぜひともあったらいいなと思えるものなどを話題として選んで話せるようにすることが有効です。

話題が決まったら、絵に描くなどして話したい材料を具体化していきます。その際、上手に絵を描かせることがねらいではなく、絵を描くことを通して、話したい材料を膨らませていくことが大切になります。

説明し合う際には、「ぜひとも自分の聞きたいこと」を聞くという意識をもたせます。姿勢を正して聞くこと以上に、身を乗り出して聞くような学びの姿を目指してみましょう。

■ロングレンジを取り入れた単元構想のポイント

子供たちが自律的に学び進める際に重要になるのは、ぜひとも話したい、聞きたいと思えるような話題を選べるようにすることです。そのため、教師が一律に話題を指定してしまったり、ワークシートを機械的に埋めさせていく作業によって話題を選ばせたりするのは得策ではありません。しかし一方で、「何でもいいから自由に選んでごらん」といった投げかけ方では、子供たちの思いを引き出しにくくなりがちです。

子供たちが選ぶ話題がパターン化しがちだと感じる場合は、まず身近で困ったことや助けてほしい、助けたいと思ったことがないか振り返る機会を設定してみましょう。例えば家族が家事に追われている姿を見て「大変そうだな。何とかしてあげられないかな」といった思いを抱くことが、二年生の子供たちにもあるのではないでしょうか。そんな思いが、「こんなものがあったらいいな」という思いにつながり、「話題の設定、情報の収集」の指導事項であるA(1)アを確実に育成できることとなります。またそうした指導を工夫することで、今まで気付かなかった子供のよさを発見できる機会が格段に増えていきます。

■単元の指導計画（6時間扱い）

時	学習活動（○）	指導上の留意点（・）
1	○教師の演示を見て、「こんなものがあったらいいな説明会」を開くという目当てをもつ。 ○自分の「あったらいいな」を考えてみる。	・子供たちとの日常の対話を通して、思いや願い、困りごとなどを把握していく。 ・「教師自身が困っていることがあり、『こんなものがあったら助かるのに』と実感した体験から、『あったらいいな』と思うものを発想し、イラストに描いて説明する」という演示を行うことで、発信までの学習過程を見通すことができるようにする。
2	○自分の生活を振り返って、「あったらいいな」と思うものを決める。 （本時2／6）	・自分の生活で困った体験を振り返って、「こんなものがあったらいいのに」と思うものを選べるようにする。
3	○「あったらいいな」と思うものを絵に描きながら、説明したい内容を書き出す。	・どの時間もペア交流を通して伝えたい内容や表現をはっきりさせていく。 ・絵を上手に描くことが目的ではなく、説明したいことをはっきりさせるための活動であることを子供と共有する。 ・この段階で、最終発信の具体的な姿として、ブースを作り発表した後、質疑応答を行うという形態をモデル動画で示し、ゴー

5・4	○説明の順序を考えて、ペアで説明し合ってみる。 【順序の例】 □はじめ 「あったらいいな」と思うものとその理由 □中 パターン例① 特長や機能、弱点などを項目ごとに説明 パターン例② 特長、使い方、注意点などを説明 □終わり	ルのイメージをはっきりもって学べるようにする。 ・前時に提示した最終ゴールの動画を各自のタブレット上で再確認しながら、ペア交流して説明したり、質問したりしてみる。一人で考える際にも、声に出して説明しながら順序を考えるようにする。 ・およその構成に基づき、ペアで何度も絵を用いて説明する。新たに思い付いたものは付け足して説明する。
6	○説明会を開き、説明したり質疑応答したりする。	・説明会の形態としては、学級を二分割し、それぞれ発表者が二〜三人程度の発表ブースを作って発表を繰り返す。前半の子供が発表する際、残り半分は聞き手となり、もっと詳しく聞きたいことを質問する。聞き手はブースを移動して、聞いてみたい友達の説明を聞く。後半は、話し手と聞き手とが逆になる。

■本時の指導（本時2／6）

①本時の指導目標

身近なことから「あったらいいな」と思うものを決め、その理由や特長などを説明するために必要な事柄を選ぶことができる。（A⑴ア）

②本時の指導計画

分	学習活動	指導上の留意点（・）と評価規準（◇）
0	1　学習の目当てを確かめる。	・前時に発想した「あったらいいな」をいくつか取り上げて、本時はわけをはっきりさせて話題を決めることを確認する。
	説明したい「あったらいいな」と思うものとその理由を決めよう。	
2	2　前時の学習を振り返り、本時の学習の見通しをもつ。	・日頃の生活を振り返って、身近で困ったことや助けてほしい、助けたいと思ったことを思い出し、そのような場合に役に立つものなどを想像するとよいということを想起する。
7	3　一人で「あったらいいな」と思うものとそのわけを考えてみる。	・どんな場合に、誰がどのように困ってしまうのかなどを思い起こし、「あったらいいな」と思うものと、その理由を考える。

12	4　相手を選んで交流を繰り返し、「あったらいいな」と思うものの特長やわけをはっきりさせていく。	考え付いたら、一人一台端末から「あったらいいなと思うもの」「そのわけ」を教師に提出する。 ・子供たちが提出した「あったらいいなと思うもの」「そのわけ」を大型モニターで共有し、誰がどんな発想をしているのかを互いに見られるようにする。 ・子供は大型モニターの前に行き、興味をもった話題を選んでいる友達に直接声をかけてペア交流を行う。 ・端末からの提出を迷っている子供には、まだ決まっていなくても、友達と交流してアイデアが浮かんだら決めてよいと伝え、交流を促す。 ・教師は子供たちの交流の間、状況を把握しながら、支援が必要なペアについては三人目のメンバーとなって質問し、話題を引き出すとともに、第6時に向けて子供たちが聞きたいことを落とさずに質問する際のモデルとなるような尋ね方を意識して行い、A⑴エの指導と評価への布石を打っておく。 ◇「あったらいいな」と思うものを決め、その理由や特長などを説明するために必要な事柄を選んでいる。（A⑴ア）
37	5　「あったらいいな」と思うものとそのわけについて説明し、タブレットで録画し合う。	
45		

■個別最適な学びを実現する指導のポイント

子供たちが日常を振り返って見付けた「ぜひとも話したい」という話題は、一人一人異なるものです。そのため、この実践を成功させるには、教師が子供と日常的に対話するなかで、子供の思いや願い、悩みなどをよく把握しておくことが前提になります。

■協働的な学びを実現する指導のポイント

本事例では単元を通して交流を位置付けていますが、最終的な発信の場面でも、交流を有効なものにする工夫が大切です。一クラスの児童数が十名程度以上の学級であれば、一人ずつ全体で発表させるのではなく、例えば学級を二分割し、複数の発表ブースを作って、交代しながら一人が何度も発表し、繰り返し質疑応答する場面を設定することが考えられます。何度も発表することで自信がついてきますし、一人一人が質問する機会をより確実に設定でき、「聞くこと」の指導事項であるA(1)エのねらいの実現につながります。

第3節　3年「もっと知りたい、友だちのこと」

■事例の概要

1　単元名　友達の、みんなに知られていないよさを紹介しよう

2　単元で指導する主な指導事項

○〔知識及び技能〕(1)イ　相手を見て話したり聞いたりするとともに、言葉の抑揚や強弱、間の取り方などに注意して話すこと。

○〔思考力、判断力、表現力等〕「A　話すこと・聞くこと」(1)エ　必要なことを記録したり質問したりしながら聞き、話し手が伝えたいことや自分が聞きたいことの中心を捉え、自分の考えをもつこと。

3　言語活動とその特徴

「聞くこと」の指導事項は、いずれの学年も、話し手の話す内容を正確に聞くことと、自分の聞きたいことを落とさないように聞くことといった、「聞くこと」の二つの側面を重視して示されています。この趣旨を踏まえ、子供たちにとってより能動的な、生きて働く「聞く能力」を育成することが重要です。

本事例では、中学年のA(1)エの中でも、特に「自分が聞きたいことの中心」を確実に聞くことに重点を置いています。この資質・能力を育成するため、普段接している友達について、みんなに知られていないよさを聞き出して紹介する言語活動を行います。「聞くこと」の学習指導の際、先に用意しているいくつかの質問事項について順を追って聞くだけの作業のような活動に陥ってしまうことがあります。そこでこうした言語活動を工夫して設定することによって、「友達の意外なよさを聞き出して紹介する」など、子供自身の聞く目的を十分意識できるようにし、聞きたいことの中心を明確にして聞くことができるようにします。

なお、誰から聞き取るかについては、学級内で偏りが出ないように、子供たちの実態に応じた配慮が不可欠になります。この他、二回目の紹介では、校内の先生や職員の方のあまり知られていない魅力を紹介するといったバリエーションも考えられます。

■ロングレンジを取り入れた単元構想のポイント

「聞く」という行為は、ともすれば受動的なものとして捉えられがちです。例えばしっかり聞くためにメモを取ろうとして、話し手の話す内容を全て書き留めようとしてしまい、うまくメモできないといったことも見られます。メモする場合で言えば、メモをどのように活用するのかといった具体的な目的を意識することが、何をどうメモするかを判断する手掛かりとなります。そのため、質問の仕方やメモの取り方を機械的に練習させるのではなく、目的を十分意識して聞き、聞き取ったことを生かすことを繰り返すことが大切なものとなります。また、「聞いてみたら友達の意外な一面が分かった」「今まで気付かなかったけれど、友達はこんなことを頑張っていたから〇〇ができるんだな」といった、聞くことのよさを感じた子供たちは、それを誰かに伝えたくなることでしょう。そうした自然な意識に即した学習活動を組織することで、子供たちの自律的な学びを引き出していきます。

こうしたことを踏まえて本事例では、友達から聞き出して分かった、みんなが気付かない友達のよさを紹介しようというゴールに向かって学び進める単元を構想します。

■単元の指導計画（6時間扱い）

時	学習活動（○）	指導上の留意点（・）
1	○教師の演示や最終的な紹介例のモデル動画を見て、みんなが気付かない友達のよさを紹介することについて見通しをもち、学習計画を立てる。	・聞き取る相手に偏りが出ないよう配慮し、紹介する相手を二人程度設定できるようにしておく（学校や学級の実情に応じた機会を生かして三人グループを作っておくなど、自然な相手の決め方を工夫する）。 ・友達の意外な一面を紹介するという最終ゴールを提示し、どのように聞き取って準備したかを例示する。完璧なモデル動画でなくても、「ここはもう少し聞き方を工夫したいところ」など、補足しながら子供たちに提示してよい。モデル動画はタブレットで随時視聴可能なように配信する。
2	○一人目の相手に対して、聞いてみたいことを考えて質問する。 ○もっと聞いてみたいと思ったことについて更に詳しく聞く。	・最初は、「好きな食べ物」「趣味」「頑張っていること」など、紹介の内容として考えられそうなことを幅広に聞いてみる。そこから、以下のような点に絞り、更に詳しく尋ねる。 □予想していた回答と違っていて興味をもったこと。 □自分だったらこれはできないなと思ったこと。 □これなら○○さんのよさをもっと知ることができそうだと思

3	○聞いたことを基に、新たに見出した友達のよさを中心に、グループ内で、相互に紹介し合ってみる。	ったこと。　など ・机間指導を行い、聞き出せている子供の姿をピックアップしておく。
4	○紹介後、新たに分かった友達のよさを、どのように質問したから聞き出せたのかを出し合う。	・以下の例のようなよい聞き方をしている子供を見付け、広めていく。 【例】 □ピアノがなぜそんなに上手なのか知りたくて、始めたきっかけを尋ねたら、頑張っている理由が分かった。 □弟が三人いると分かってびっくりしたけれど、家で過ごす様子を尋ねたら、いつも面倒を見ていることが分かってもっとびっくりした。
5	○二人目について質問し、新たに分かったよさを紹介し合う。（本時5／6）	・前時に共有したよい聞き方を確かめるなど、第2・3・4時の学習を生かして学べるようにする。
6	○友達の、新たに分かったよさを紹介し合い、学習のまとめをする。	・二つのグループを組み合わせて話し手と聞き手とを交代しながら、少人数で紹介し合う。

■本時の指導（本時5／6）

①本時の指導目標

友達の、知られていないよさを紹介することに向けて自分が聞きたいことの中心を捉え、紹介したい内容を具体的にもつことができる。（A(1)エ）

②本時の指導計画

分	学習活動	指導上の留意点（・）と評価規準（◇）
0	1　学習の目当てを確かめる。	・単元の学習計画表を基に、本時の目当てを確認できるようにする。
	二人目の友達のよさを聞き出して、紹介したい内容をはっきりさせよう。	
2	2　一人目の紹介の際、何をどのように聞いたら、聞きたいことを詳しく聞くことができたかを確認する。	・前時の学習までに子供たちと共有した、「自分の聞きたいことの中心を聞く時のコツ」「聞きたいことの中心をうまく聞く聞き方例」（単元の指導計画参照）などを確認し、本時はどのように質問するか計画を考える。
7	3　二人目の友達に質問したいことを	・友達を紹介する上で聞いてみたいことを考え、それに対する回

時間	学習活動	指導上の留意点・評価
	考える。	答の予想をもっておく。必要に応じて、質問のモデル動画を見返すなどして質問することを具体的にもつようにする。
15	4　二人目の友達を紹介することに向けて、まず幅広に聞いてみる。	・「好きな食べ物」「趣味」「頑張っていること」など、紹介の内容として考えられそうなことを幅広に聞いてみる。 ・準備した質問項目について形式的に尋ねていくのではなく、できるだけ自然な対話となるようにする。その具体的なやり取りをイメージしやすいように、モデル動画も、日常会話口調でやり取りする様子を収録しておく。
35	5　答えの中から更に詳しく聞きたいことを見付けて詳しく聞く。	・二回目となる本時は、学習活動4・5の区切りは設けず、一回目の学習でコツとして押さえた点（予想していた回答と違っていて興味をもったこと、等々。単元の指導計画参照）を見付けたら、そこを詳しく聞き出すようにする。 ・なかなかうまく聞き出せない子供に対しては、その子供が答える立場の際に、答えやすかった質問はどのようなものだったのかを想起させる。
43	6　友達の、新たに気付いたよさや、それをどう聞いたから引き出せたかを整理し、学習のまとめをする。	◇友達の、知られていないよさを紹介することに向けて自分が聞きたいことの中心を捉え、紹介したい内容を具体的にもっている。（A⑴エ）
45		

■個別最適な学びを実現する指導のポイント

何をどのように聞くのかは、聞く目的によって変わってきます。本事例では聞き出したいことの中心を徐々にはっきりしていけるよう、最初は幅広に聞き、その後友達のよさを聞き出せそうだと判断した項目に絞って聞いていきます。またそうしたことを、見通しをもって学び進められるよう、最終的な紹介の場のイメージを動画で具体的に提示します。

■協働的な学びを実現する指導のポイント

形式的に質問してしまうと、相手から返ってくる内容も形式的なものになりがちです。本事例の場合は、親しい関係の中で質問したり答えたりすることが中心となります。そのため相手や場に合ったやり取りとなるよう、硬い口調ではなくできるだけ日常会話に近い言葉でやり取りする様子を例示します。また、一度で全てを聞き取ろうとするのではなく、対話を繰り返しながら聞きたいことの中心をはっきりさせて聞いていく姿を例示します。

第4節　4年「クラスみんなで決めるには」

■事例の概要

1　単元名　学級全体で決める必要のある話題について話し合おう

2　単元で指導する主な指導事項

○〔知識及び技能〕(1)ア　言葉には、考えたことや思ったことを表す働きがあることに気付くこと。

○〔思考力、判断力、表現力等〕「A　話すこと・聞くこと」

(1)ア　目的を意識して、日常生活の中から話題を決め、集めた材料を比較したり分類したりして、伝え合うために必要な事柄を選ぶこと。

(1)オ　目的や進め方を確認し、司会などの役割を果たしながら話し合い、互いの意見の共通点や相違点に着目して、考えをまとめること。

3 言語活動とその特徴

「話すこと・聞くこと」の言語活動は、スピーチ系統と、対話・協議系統に大別されます。本事例では、指導事項(1)ア、オに示すねらいを実現するため、学級全体で話し合う必要のあることについて協議して決める言語活動を位置付けます。その際、司会や提案の役割を効果的に果たせるようにします。

第三学年では、全員が繰り返し司会等の役割を確実に経験できるよう、グループ協議を繰り返すことを中心とします。その学習体験を踏まえて、第四学年の本事例では学級全員で合意を形成するために必要となる話し合うことの資質・能力の育成に重点を置きます。

実生活の話題から、話し合って一つに決める必要のあるテーマを選び、合意形成に向けて協議します。その中で、互いの意見の共通点や相違点に着目して合意を形成するためには、言葉をどのように用いればよいのかを、言語活動を通して実践的に学びます。そのため、順序よく円滑に協議を進めて結論を得ること自体を目的とするのではなく、学習の目当てと振り返りを効果的に位置付けて、言葉に着目した学びになるようにします。また、国語科で身に付けた協議の能力を、他教科等の学習場面でも生かせるようにします。

■ロングレンジを取り入れた単元構想のポイント

協議の話題は、子供たちの日常生活の課題等を生かし、話し合って決める必要性を強く実感できるものを選んで議題にすることがポイントとなります。Ａ⑴アの「目的を意識して、日常生活の中から話題を決め」る能力の育成を重点的にねらう場合は、子供たちが議題を選んで決めることができるようにします。本事例では、Ａ⑴オに重点を当て、学級全体で話し合う単元を構想しますが、そのような場合は教師が指導の意図を踏まえて議題を提案することも考えられます。その場合も、子供たちがどのようなことを話し合う必要があると考えているのか、子供の意識を把握した上で決めることが大切です。迷う場合はぜひ子供たちに、話し合って決めたい話題がないかを尋ねてみましょう。

また、協議の際には、最終的にどのような結論をどのように得るのかを見通すことが重要です。例えば異学年交流会での活動について話し合う際などに、活動の中で実施する事柄を一つに決める場合でも、同じような機会が後日あるのかないのかで、合意の形成の仕方が変わってきます。

■単元の指導計画（6時間扱い）

時	学習活動（〇）	指導上の留意点（・）
1	〇「地域学習でお世話になった方々を学校に招いて行うお礼の会で何をするか話し合って決める」という話題を設定し、協議の見通しを立てる。	・話し合って決める必要がある話題を考えておくよう促す。 ・話題は、子供たちの課題意識を踏まえて、ぜひとも話し合う必要のあるものを設定する。 ・お礼の会の目的、開催時間や時期、会場となる教室など、会の内容を決める際の検討要件を全員で確認する。
2	〇話し合ってきた学習体験を振り返り、失敗した原因やうまくいった要因を話し合う。 〇司会グループ、提案者グループ、協議者に分かれて、準備を行う。 【司会グループ】 □結論を出すまでに何回話し合うか、毎回どこまで話し合うかなどを打合せし、具体的な協議の進め方や	・学級会やグループ協議を振り返り、どのように話し合った結果うまく結論が出せた（あるいは出せなかった）のかを想起し、自分自身の学習の目当てを決める。 ・学級全体で協議することとなるため、全員が司会や提案者を行うのではないことや、その分、準備していることを全員と共有しながら学習を進めていくことなどを確認する。 ・司会グループは、協議①～③の各回でおよそどこまでを話し合うかを決め、役割分担（各回二名）をする。

6	5・4・3

議論が停滞した場合の手立てなどを考える。

【提案者グループ】

□学級全員の希望を踏まえて複数の提案内容をグループで検討し、自分がぜひ提案したいと思うものを各自選ぶ。

【協議者】

□自分自身の意見や、提案者の提案概要を基に、協議に向けて考えをまとめる。

○協議①を行う。

○協議②を行う。（本時4／6）

○協議③を行い結論を出す。

○今後他教科等の学習などでこの話し合いで身に付けたことをどう生かせそうか見通す。

【協議計画例】

協議①：提案を受けて、お礼の会の開催時間（四五分）を考えていくつの提案を内容として盛り込めるかを整理する。

協議②：①の協議を踏まえ、どの提案を採択するか決める。

協議③：採択した内容の具体案をおよそ決め、全員の役割分担を行う。

（その後の役割ごとの準備は、国語科以外の時間を活用して行う）

・提案者グループは、各自の提案内容と提案理由、協議で話し合ってほしいポイントを明らかにする。

・協議者は協議計画に基づいて考えをまとめ、協議で意見を述べる。

・協議の後、各回とも、どのような話し合いが議論を進めたのかを振り返る。

・各回の協議を振り返るとともに、お礼の会を実施した結果も踏まえ、今後の協議場面で学んだことをどう生かすかについて具体的に考える。

■本時の指導（本時4／6）

①本時の指導目標

協議の目的や進め方を確認し、司会などの役割を果たしながら話し合い、互いの意見の共通点や相違点に着目して、考えをまとめることができる。（A(1)オ）

②本時の指導計画

分	学習活動	指導上の留意点（・）と評価規準（◇）
0	1 司会の言葉により協議②での協議内容を確かめる。 協議②の議題　お礼の会で行う内容を決めよう。	・協議①を受けて、お礼の会の内容として、どの提案を採択するか決めることを冒頭で司会が述べる。
2	2 協議①で提案された内容について、お礼の会の目的や実施できる内容の数などの条件を踏まえて協議し、実施する内容を決定する。	・司会は、協議①でどのような提案がなされたか、開催時間等の条件を踏まえて内容をいくつに絞ることとしたか等を確認し、協議②の時間内に決めなければならないことを全員と共有する。 ・協議者は、提案内容を踏まえてどの内容を採択すればよいかについて意見を述べ合い、協議を進める。その際、意見を一つに

まとめるために、踏まえなければならない点を確かめられるようにする。

【例】

□お礼の会の目的に合う提案かどうか。
□お招きする地域の方に喜んでもらえる内容か。
□時間や場所などの開催要件に合った内容か。
□自分たちで準備することが可能な内容か。　　など

・提案者は、協議者の求めに応じて、補足の意見を述べる。
・司会者は、協議が停滞したり結論がまとまらなかったりした場合の対処法を活用しながら協議を取りまとめ、結論を確認する。
・教師は子供たちの協議の進め方について評価を行い、必要に応じて即時の指導に反映させる。

35

3　協議を振り返り、それぞれの役割でどんな準備が有効だったか、協議ではどのような話し合い方が有効だったかをはっきりさせる。

◇協議の目的や進め方を確認し、司会などの役割を果たしながら話し合い、互いの意見の共通点や相違点に着目して、お礼の会で実施する内容についての考えをまとめている。（A⑴オ）

43

4　協議③の協議内容を確認する。

45

■個別最適な学びを実現する指導のポイント

本事例では、司会グループ、提案者グループ、協議者とに分かれて学習を進めます。その際、振り返りの時間を生かし、自分たちのグループがどのような準備をして臨んだのか、どんな学びがあったのかについて情報交換を行い、学習成果を共有できるようにします。

■協働的な学びを実現する指導のポイント

それぞれの役割がどのようなものかをはっきりさせて準備や協議に取り組むことが、皆で力を合わせて話し合い、結論を得る上で大切になります。司会は、議事を進行するに留まらず、最終的な結論をいつまでにどのように導けばよいのかを、参加者全員と共有します。提案者は、自分の意見を提案するのみならず、その後どこをポイントに協議してほしいのかを具体的に提示します。協議者は、自他の意見を比較したり、自分の意見の根拠を明確にしたりして協議に臨みます。

第5節　5年「よりよい学校生活のために」

■事例の概要

1　単元名　よりよい学校生活をつくるためのパネルディスカッションをしよう

2　単元で指導する主な指導事項

○〔知識及び技能〕(1)ア　言葉には、相手とのつながりをつくる働きがあることに気付くこと。

○〔思考力、判断力、表現力等〕「A　話すこと・聞くこと」

(1)ア　目的や意図に応じて、日常生活の中から話題を決め、集めた材料を分類したり関係付けたりして、伝え合う内容を検討すること。

(1)オ　互いの立場や意図を明確にしながら計画的に話し合い、考えを広げたりまとめたりすること。

3　言語活動とその特徴

高学年としての自覚が出てくる五年生の子供たちの課題意識を生かして、よりよい学校生活をつくるために、いろいろな角度から意見を述べ合い、自分の考えを広げたりまとめたりするパネルディスカッションを行います。

本事例で行うパネルディスカッションは、一つのテーマについて、異なる立場から意見を述べる複数のパネリストの提案を受けて、フロアで相互に協議したり、パネリストと質疑応答したりしてそれぞれが考えを明確にしていくものです。協議の結論を全体として一つにまとめるものではなく、一人一人が考えていることが、より多角的な視点から吟味され、異なる立場の考えを尊重したり、自分の考えの根拠をより明確にしたりしていくことに主眼を置きます。

パネルディスカッションでは、パネリストがそれぞれの意見を述べることに終始してしまわないよう、時間の管理とその後のフロア協議を充実させることが大切です。そのため、パネリストの提案の際は、他のパネリストの提案との違いを明確にするとともに、自分の提案を受けて、フロアで何を協議してほしいのかを明示するようにします。

■ロングレンジを取り入れた単元構想のポイント

学習に当たっては、前述のようなパネルディスカッションの目的や具体的な方法の共通理解が重要になります。一人一人が目的を明確にして参加することで、より自律的な学びを引き出していきます。

またパネルディスカッションは、司会による協議の運営、パネリストの提案、フロアによる協議などを組み合わせた言語活動形態です。これまでの学習経験を踏まえ、学習計画を見通しながら役割分担したり、準備を進めたりすることが大切になります。

全員が司会や提案を経験できるわけではないので、本事例では、フロアでの協議をグループ協議として行います。結論を一つに絞り込んでいくタイプの話し合いと異なり、最終的に一人一人の考えを広げたり、より確かなものにしたりすることを目指す話し合いを行うこととなります。

この学習で身に付けた話し合いの能力を、その後の様々な生活の場面で生かすことが大切です。

■単元の指導計画（6時間扱い）

時	学習活動（○）	指導上の留意点（・）
1	○高学年として、よりよい学校生活をつくるために話し合って考えを生み出すという学習の目当てを設定する。 ○パネルディスカッションのモデル動画を基に、その特徴をつかむ。 ○役割分担し、学習計画を立てる。 ○一人一人がこの学習でどんなことを身に付けたいかを明らかにする。	・高学年としてよりよい学校生活をつくる上で課題となっていることを意識させておく。 ・よりよい学校生活をつくるための具体的な課題や、現時点でその解決策として提案できそうなことを一人一人が想起し、一人一台端末から送って一覧にする。 ・パネルディスカッションの目的と形式、役割分担と準備の内容、グループ協議のポイントなどを、既習の話し合い活動を基に押さえる。 ・この学習でどのようなことができるようになりたいかを、「パネルディスカッションを行ってよりよい学校生活をつくるための考えを生み出す」ことと結び付けて、具体的に把握できるようにする（子供に指導事項をなぞらせるなど、能力を抽象的に押さえることに留まらないようにする）。

4・3・2	5	6
○役割分担に基づき準備を進める。 【司会】 □進行計画を立て、時間の割り振りを考える。 【パネリスト】 □第1時で作成した一覧を基に、提案内容、提案理由、協議してほしいポイントを考える。 【フロア】 □パネリストが事前に提示した提案内容・提案理由を基に自分の考えをまとめる。	○パネルディスカッション①を行う。 （本時5／6）	○パネルディスカッション②を行い、学習のまとめをする。
・パネルディスカッションの細かい形態を確認し、それぞれの役割に基づいて見通しをもって準備できるようにする。 【パネルディスカッションの進行例】 ①司会による話題の提示と協議の目的の確認 ②パネリストによる提案 一人三分×四人とし、「提案内容―提案理由―協議してほしいポイント」などを述べる。 ③全体での質疑応答と協議 フロアとパネリストとの間で質疑応答や協議を行う。 ④グループ協議 フロアで四人程度のグループに分かれて協議を行う。司会やパネリストも参加する。 ⑤まとめ 司会が声をかけて、各自の考えをそれぞれがまとめる。	・第5・6時の二回、パネルディスカッションを繰り返して考えをまとめていくことができるようにする。	

■本時の指導（本時5／6）

①本時の指導目標

互いの立場や意図を明確にしながら計画的にパネルディスカッションを行い、考えを広げたりまとめたりすることができる。（A(1)オ）

②本時の指導計画

分	学習活動	指導上の留意点（・）と評価規準（◇）
0	1　各自の学習の目当てを確かめる。	・前時の振り返りと本時の目当てを確認し、本時に取り組むことを確認する。
	第一回パネルディスカッションを行い、よりよい学校生活をつくるための考えをはっきりさせよう。	
2	2　パネルディスカッション①を行う。 ①司会による話題提示と協議の目的の確認	・司会の冒頭の言葉により、考えを一つに集約するのではなく、一人一人が自分の考えを広げたり、より確かなものにしたりすることを確認する。
4	②パネリストによる提案	・各パネリストの提案を踏まえた協議にするために、パネリスト

	一人三分×四人とし、「提案内容―提案理由―協議してほしいポイント」などを述べる。	はフリップを用いながら、他のパネリストと立場の違いをはっきりさせるとともに、自分の提案を受けて、フロアではどのようなことを協議してほしいのかを明示するようにする。
17	③全体での質疑応答と協議 フロアとパネリストとの間で質疑応答や協議を行う。	・全体での質疑応答や協議は、その後の協議に必要な事柄を整理するために行い、時間を区切って実施する。
22	④グループ協議 フロアで四人程度のグループに分かれて協議を行う。司会やパネリストも参加する。	・パネリストの提案を受けて、グループ協議を行う。各グループでも司会を立てて、考えを広げていくための話し合いを行う。パネリストも参加し、協議内容に即してより具体的に考えを述べて、自分の提案内容を理解してもらえるようにする。
35	⑤まとめ 司会が声をかけて、各自の考えをそれぞれがまとめる。	・グループ協議の後、一人一人が考えを明らかにし、協議前と比べて広がったり確かなものになったりしたかを振り返る。
40	3　本時を振り返り、二回目のパネルディスカッションの学習の目当てを決める。	・どのような協議の仕方が有効だったかを明らかにして、次時の目当てを決められるようにする。 ◇互いの立場や意図を明確にしながら計画的にパネルディスカッションを行い、よりよい学校生活をつくるために考えを広げたりまとめたりしている。（A⑴オ）
45		

■個別最適な学びを実現する指導のポイント

高学年の子供たちが協議する必要性を強く実感できるようにします。そのため、学習に先立って、一人一人が、自分はこの学習でどのようなことができるようになりたいかを、パネルディスカッションやその目的である「よりよい学校生活をつくるための考えを生み出す」ことと結び付け、実感のこもったものとして明らかにすることが有効です。

■協働的な学びを実現する指導のポイント

多様性の時代である現代は、様々な価値観がぶつかり合いながら新たなものの見方や考え方が生み出されていく時代でもあります。本事例は、そうしたことを、魅力的な言語活動を通して体験していくものとも言えるでしょう。自分の意見を一方的に述べるのではなく、また他者の意見に流されるのでもなく、よりよい考えを形成することを実感できるようにしていくことが大切になります。

第6節　6年「聞いて、考えを深めよう」

■事例の概要

1　単元名　委員会だよりに載せる記事を書くためにインタビューして取材しよう

2　単元で指導する主な指導事項

○〔知識及び技能〕(1)イ　話し言葉と書き言葉との違いに気付くこと。

○〔思考力、判断力、表現力等〕「A　話すこと・聞くこと」

(1)ア　目的や意図に応じて、日常生活の中から話題を決め、集めた材料を分類したり関係付けたりして、伝え合う内容を検討すること。

(1)エ　話し手の目的や自分が聞こうとする意図に応じて、話の内容を捉え、話し手の考えと比較しながら、自分の考えをまとめること。

3　言語活動とその特徴

本事例では、委員会だよりに載せる記事を書くためにインタビューして取材するという言語活動を位置付けます。学習指導要領の言語活動例では、中学年は「質問するなどして情報を集め」ることが示されているのに対して、高学年は「インタビューなどをして必要な情報を集め」ることとされています。

例えば雑誌のインタビュー記事を思い浮かべれば分かるように、インタビューは、単に聞きたいことを聞くことに留まる行為ではなく、何らかの情報発信を前提として、そこで発信する情報を意図的に収集する行為です。

こうした特徴をしっかりと押さえて言語活動を組織することで、「自分が聞こうとする意図に応じて」聞く能力を確実に育成します。

そのため本単元でも、インタビューすること自体が目的とならないよう、一人一人が委員会だよりで担当する記事を作成することを最終ゴールとして設定し、その記事で何を伝えたいから、誰にどのような内容をインタビューするのかということを見通していくことができるようにします。

■ロングレンジを取り入れた単元構想のポイント

インタビューに当たっては、「何を聞くか」に先立って、どのような表現媒体に、何を書きたいのかを明確にすることが必要となります。そこに掲載したい情報について、インタビューして聞き出すという意図を明確にするためです。本事例では発信する必然性を一人一人がもちやすいように、委員会活動をリードする立場の六年生として、委員会だよりの担当記事を書くという場を設定します。

まずそれぞれが担当する記事でおよそどのような内容を掲載したいのか見当をつけた上で、誰に、どのような質問をするのかを構想できるようにしていきます。

実際にインタビューする際には、予想された回答を聞き取るだけではなく、その人にしか語れないような言葉や内容を聞くことができたら、それを逃さずに聞き返すなどして深掘りし、記事に掲載できるようにすることが大切なポイントです。

完成した委員会だよりのインタビュー記事を相互に読み合って感想を述べ合うことで、学んだよさを実感でき、次の学習にも生きるものとなります。

■単元の指導計画（6時間扱い）

時	学習活動（○）	指導上の留意点（・）
1	○委員会だより等にインタビュー記事を掲載するために、インタビューするという目的を設定する。 ○自分が書こうとするインタビュー記事について、どのような内容を掲載したいのかを決める。	・委員会活動と連携し、委員会だよりを書く必要のある機会を生かして授業を実施できるようにする。全員が委員会だよりを書く機会の設定が難しい場合、学級新聞等を作成することも組み合わせるなど工夫する。 ・インタビューが、質問したいことを尋ねるだけのものではなく、発信することを前提とした情報収集であることを、教師のモデル提示等によって確かめる。 ・委員会だより等の紙面全体における、インタビュー記事の目的を確かめた上で、どんな内容を掲載したいのかを決定できるようにする。 ・紙面全体の構成については、事前に委員会活動等で確認しておくようにする。
2	○記事の掲載目的や内容を踏まえて、誰に何をインタビューするのか考え、	・インタビューを依頼する相手が校外の方の場合、実施可能かどうかは教師に事前に相談することとする。

3	依頼を含めてインタビューの計画を立てる。 ○インタビューの依頼内容と質問事項を決める。	・何をインタビューするかは、どのような内容の記事にするかを基に判断できるようにする。 ・依頼するに当たっては、委員会だよりの紙面に掲載するといった依頼の目的、インタビューの方法（必要に応じてオンラインも活用）、主な質問項目などを伝え、インタビュー日時の調整を行うようにする。 ・依頼事項を踏まえて、質問の具体的な項目などを考える。
4	○インタビューのリハーサルを行う。 （本時4／6） ○課外時間を活用し、インタビューを行う。	・互いに質問者と回答者になり、リハーサルを繰り返し行う。準備した質問を尋ねるだけではなく、その人ならではの言葉（実体験に基づく言葉や、一般的に想定される回答とは異なる言葉など）が出てきたら逃さず追加の質問をしたりする。 ・インタビューの様子は、事前に許可を得て一人一台端末で録画させてもらう（情報の取扱いには注意）。
5	○インタビューしてきた内容を記事にまとめる。	・記事と録画を基に、効果的な聞き方についてまとめる。
6	○記事を読み合って学習のまとめをする。	

■本時の指導（本時4／6）

①本時の指導目標

自分が聞こうとする意図に応じてインタビューを行い、話の内容を捉え、話し手の考えと比較しながら、インタビュー記事に掲載する情報を得ることができる。（A(1)エ）

②本時の指導計画

分	学習活動	指導上の留意点（・）と評価規準（◇）
0	1　本時の目当てを確かめる。	・単元のゴールを再確認し、本時に必要な学習内容をはっきりさせる。
	インタビューのリハーサルを行い、インタビューを成功させよう。	
2	2　インタビューのリハーサルを行う。	・グループもしくはペアになり、次のような手順でインタビューのリハーサルを行う。 ①自分が紙面に掲載したい情報を相手に伝えるとともに、質問の仕方で悩んでいる点を提示する。 ②インタビューを想定して、質問と応答を繰り返す。

40

3　学習を振り返る。

45

③②の状況をメンバーが一人一台端末で撮影しておく。

④撮影した動画を再生し、聞きたいことを引き出すためにはどのような聞き方をすればよいのかをグループで話し合う。

【例】

□その人ならではの、実体験や経験に基づいた表現が出てきたら、そこを繰り返し聞く。

□予想と比較して意外な答えが出てきた場合、その理由やより詳しい状況を尋ねる。

□追加してぜひとも紙面に載せたいと思ったことについて詳しく聞く。　など

⑤もう一度インタビューをしてみる。

⑥インタビューの目途が立ったら次のメンバーに替わって、①～⑤を繰り返す。

◇自分が聞こうとする意図に応じてインタビューを行い、話の内容を捉え、話し手の考えと比較しながら、インタビュー記事に掲載する情報を得ている。（A⑴エ）

・教師は、右の評価規準（◇）を踏まえて、机間指導を繰り返し、子供の状況に応じて、メンバーの一人となって尋ねたり助言したりして支援する。

■個別最適な学びを実現する指導のポイント

学びを自ら調整しようとする姿を引き出すには、前述のようなインタビューがもつ特徴を踏まえ、最終的な発信の場をイメージできるようにすることが重要です。その発信の場を具体的に想定した上で、そこから逆算して、誰に、何を、どのようにインタビューするかを判断できるようになります。また発信の場の設定に当たっては、一律に委員会だよりに固定してしまう必要はありません。子供の意識に応じて柔軟に設定を工夫しましょう。

■協働的な学びを実現する指導のポイント

インタビューは、単に準備した質問を一つずつ尋ねていくことに留まるものではないため、何度も繰り返し行って慣れていくことが肝要です。しかし本当にインタビューしたい相手に何度も時間を取っていただくことはできません。そこで、模擬インタビューを行うなど学級内で力を合わせて事前のシミュレーションを十分に行うことが必要になります。

第1節　1年「しらせたいな、見せたいな」

■事例の概要

1　単元名　学校で発見したことを知らせよう

2　単元で指導する主な指導事項

○〔知識及び技能〕(1)ア　言葉には、事物の内容を表す働きや、経験したことを伝える働きがあることに気付くこと。

○〔思考力、判断力、表現力等〕「B　書くこと」(1)ア　経験したことや想像したことなどから書くことを見付け、必要な事柄を集めたり確かめたりして、伝えたいことを明確にすること。

3　言語活動とその特徴

「書くこと」の低学年の指導のポイントとして次のようなことが挙げられます。

①一人一人が強く「書きたい」「書いて伝えたい」と思える対象を選べるようにする。

②観察したり体験したりしたら、可能な限りすぐにそれを表現する機会を確保する。

③長い時間をかけて文章を一つだけ書くのではなく、コンパクトに書くことを繰り返して書き慣れていくようにする。

特に入門期の一学期は、「まだ書けないから」と、一文字一文字を書かせることに終始するのではなく、書きたい思いを膨らませて文や文章として表現する機会を頻繁に確保することが大切です。全ての文字を習得していない段階であっても、自分の思いや伝えたいことが、文字として形になる喜びを、十分味わわせていきましょう。こうしたことを繰り返すことで、表現力の向上や豊かな語彙の獲得につながっていきます。

本事例では、生活科の学習と連携を図り、校内を探検して発見したことなどを家の人に知らせる報告文を書く言語活動を位置付けます。観察もしくは体験したことについて、「何を発見したか」「それはどのようなものだったのか」「どのように感じたのか」などの構成で文章に書き、家の人に読んでもらいます。

■ロングレンジを取り入れた単元構想のポイント

一年生の子供たちが思いのほか個人差が大きく、時間をかけて文章を書かせようとすると表現への意欲が長続きせず効果が上がらないといったことはありませんか。そんな場合、ぜひ、コンパクトに書くことを繰り返す単元を試してみましょう。一年生の子供たちは思いや願いを言葉にすることを何度も繰り返しながら言葉を獲得し、表現力を高めていくものだからです。また、活動を繰り返すことで、見通しをもった学習が可能になります。

その際、機械的な繰り返しにならないよう、前述の三つのポイントに留意します。なお従来は、観察したり体験したりしたことを、絵に描いて取材メモとして活用することが一般的でした。絵を描くことで書きたいことを具体化する効果がありますが、絵を描くことに学習活動の多くの時間を費やしてしまうというデメリットもあります。そこで一年生でも活用可能な一人一台端末の写真撮影機能を使い、取材メモ代わりに活用します。探検して撮影したとっておきの写真を見ながら、ペアで何度も説明し合って、伝えたい思いを明確な言葉にしてから、一気に書き出すことを繰り返します。

■単元の指導計画（9時間扱い）

時	学習活動（○）	指導上の留意点（・）
1	○前の時間に生活科の校内探検を計画したことを振り返り、発見したことを報告文に書いて家の人に知らせるという見通しをもつ。	・カリキュラム・マネジメントにより生活科等との連携を図り、本単元の期間内は生活科のすぐ次の時間に国語科の学習を設定する。 ・生活科での体験の質が言葉による表現にも直結する。探検を繰り返すなかで気付きの質の高まりを確保していく。 ・教師のモデル文を活用し、「書いて伝えたい」という思いを醸成する。
3・2	○前の時間の生活科探検一回目（校庭探検編）で発見したことを、写真を基に交流し、報告文に書く。	・探検後、教室に戻り次第国語科の学習をスタートさせ、一人一台端末で撮影した写真からお気に入りの一枚を選び、教師に送信する。 ・ペア交流後、報告文を書く。
4	○完成した報告文を読み合い、互いの文章のよいところを交流したり、次	・誰がどの写真の文章を書いたのかが分かるモニター掲示（七一頁参照）を手掛かりに、興味をもった友達の文章を読み合い、

	の探検で見てみたいものや探したいものを話し合ったり、どのように書いてみたいかを考えたりする。	よいところを交流する。 ・「発見してびっくりしたこと」「初めて見てすごいなと思ったこと」などを書くことを確かめる。
5	○第2・3時と同様、生活科探検二回目（校舎探検編）で発見したことを、写真を基に交流し、報告文に書く。	・第2・3時の学習手順を想起しながら、モニター掲示を手掛かりに相手を見付けて交流し、書きたい事柄がはっきりしたら書き出すことを、見通しをもって行えるようにする。
6	○第4時と同様に完成した報告文を読み合い、次の学習に向けて交流する。	・互いの文章のよいところを見付け合うとともに、一回目の報告文も読み返し、二回目の自分の報告文のよいところを見付けられるようにする。
7	○第2・3、5時と同様、生活科探検三回目（学校のとっておきの秘密発見編）で発見したことを、写真を基に交流し、報告文に書く。 （本時7／9）	・前回までの報告文作成の学習経験を生かし、各自のペースに合わせて書き進められるようにする。書き終えた後も読み返したり読み合ったりするなど、見通しをもって学べるようにする。 ・ポイントとして機械的に色や音や形などを書くのではなく、発見した思いが伝わるように書くことを押さえる。
8	○第2・3、5時と同様に完成した報告文を読み合い、交流する。	・「書いて伝わった」「書いてよかった」という実感をもてるようにし、次の表現への意欲を高める。
9	○家の人に読んでもらった感想を交流し、学習を振り返る。	

■本時の指導（本時7／9）

①本時の指導目標

見付けた学校のとっておきの秘密について、家の人に報告するために必要な事柄を集めたり確かめたりして、伝えたいことを明確にすることができる。（B(1)ア）

②本時の指導計画

分	学習活動	指導上の留意点（・）と評価規準（◇）
0	1　学習の目当てを確かめる。 三回目の探検で発見した、学校のとっておきの秘密を報告文に書こう。	・生活科と国語科の単元の学習計画表を常時掲示しておき、本時の目当てをすぐ確認できるようにしておく。
2	2　本時の学習の進め方を確かめる。	・第2・3、5時と同様の進め方とし、子供たちが安心して見通しをもって学べるようにする。 ・第2・3、5時の子供たちの見取りを踏まえて、補足説明が必要な手順について特に取り上げて確認する。

5　3　一人一台端末で撮った写真を基に、報告したいことを確かめる。

10　4　相手を選んで交流を繰り返し、報告文に書きたい事柄やそれを説明する言葉をはっきりさせていく。

25　5　報告文を書く。

40　6　書いた報告文を読み返したり読み合ったりする。

45

【例】

□交流後に書き出そうとしたが、書き出せない子供が見られた。

→自席に戻って書き出す際、タブレットの写真を指さして、もう一度口頭で説明してみてから書き出す。

□書き終えた後、何をするのか分からない子供が出てきた。

→書き終えたら声に出して読んでみる。その後、ペアになって読み合ってみる。　など

・3～6の活動については一律に区切らず、もう大丈夫と思ったら次に進んでもよいこととする。

・教師は、生活科の学習を含めて前時までの個々の見取りを踏まえ、支援の必要な子供に重点的に関わる。

・書く言葉をはっきりさせるために交流することを踏まえ、「書けそうだなと思ったら、書く時の言葉で友達に説明してみよう」などと促す。

◇見付けた学校のとっておきの秘密について、家の人に報告するために必要な事柄を集めたり確かめたりして、伝えたいことを明確にしている。（B⑴ア）

・右の評価規準（◇）に照らして手立てが必要だと判断した子供については、次時にも書く時間を取るなど重点的に支援する。

個別最適な学びを実現する指導のポイント

校内探検等を生かし、一人一人が強く書きたいと思える対象を見付けられるようにします。書いて伝えることを繰り返すなかで題材を見付ける力も高まります。

協働的な学びを実現する指導のポイント

書きたい事柄をより明確な言葉にすることが交流を繰り返す目的です。その際、交流相手をいつも教師が指定してしまうと、作業的・形式的な学習になっていきがちです。下の写真のように、撮影した自慢の一枚を一覧にして、「この写真を撮った子と交流したい」といった主体的な判断を生かせるようにしましょう。

撮った写真を一覧に表示し，交流相手を選ぶ

第2節　2年「こんなもの、見つけたよ」

■事例の概要

1　単元名　町探検の探検記を書こう

2　単元で指導する主な指導事項

○〔知識及び技能〕(2)ア　共通、相違、事柄の順序など情報と情報との関係について理解すること。

○〔思考力、判断力、表現力等〕「B　書くこと」

(1)イ　自分の思いや考えが明確になるように、事柄の順序に沿って簡単な構成を考えること。

(1)オ　文章に対する感想を伝え合い、自分の文章の内容や表現のよいところを見付けること。

3 言語活動とその特徴

他教科等の学習と連携して実施した活動を生かして，記録文を書く活動を位置付けます。本事例では，生活科で行う町探検との密接な関連を図り，体験したことや観察したことについて，探検記に書き表します。生活科では，町探検を複数回行うため，探検記も無理なく複数回書くことが可能です。また一回の探検でいろいろな場所を訪問したり，町の人との関わりをもったりすることから，事柄の順序をはっきりさせて構成（何について書くのか―それぞれの見学箇所のどこでどんなことを発見したり体験したりしたか―探検を通してどんなことを感じたか，など）（B(1)イ）を考えて書くことができます。更に，探検記に書いたことを読み返し，よく書き表せたと思うところをヒントにして，「探検クイズ」を作ります。このことで「自分の文章の内容や表現のよいところを見付ける」（B(1)オ）ことが可能になります。特に低学年の段階では，書いたものを読み返して自分の文章を評価することは難しいものですが，クイズにするために，という場の設定の工夫により，自分の文章をよく読み返したり，クイズを出し合った後にお互いの文章を読み合って感想を述べ合ったりする学習を，必然性をもって進められるようになります。

■ロングレンジを取り入れた単元構想のポイント

低学年の子供たちが自律的に判断して学び進めるためには、学ぶ必然性を実感できる魅力的な言語活動の設定と、繰り返しの学習による見通しの確保がポイントになります。

本事例では、書き終えた記録文を読み返してクイズに書き換えていくことで、単元の最終ゴールまで学びの必然性をもたせるとともに、生活科の学習と並行して繰り返しの学習を可能にし、学習の進め方を子供が見通していく質の高い学びを目指します。

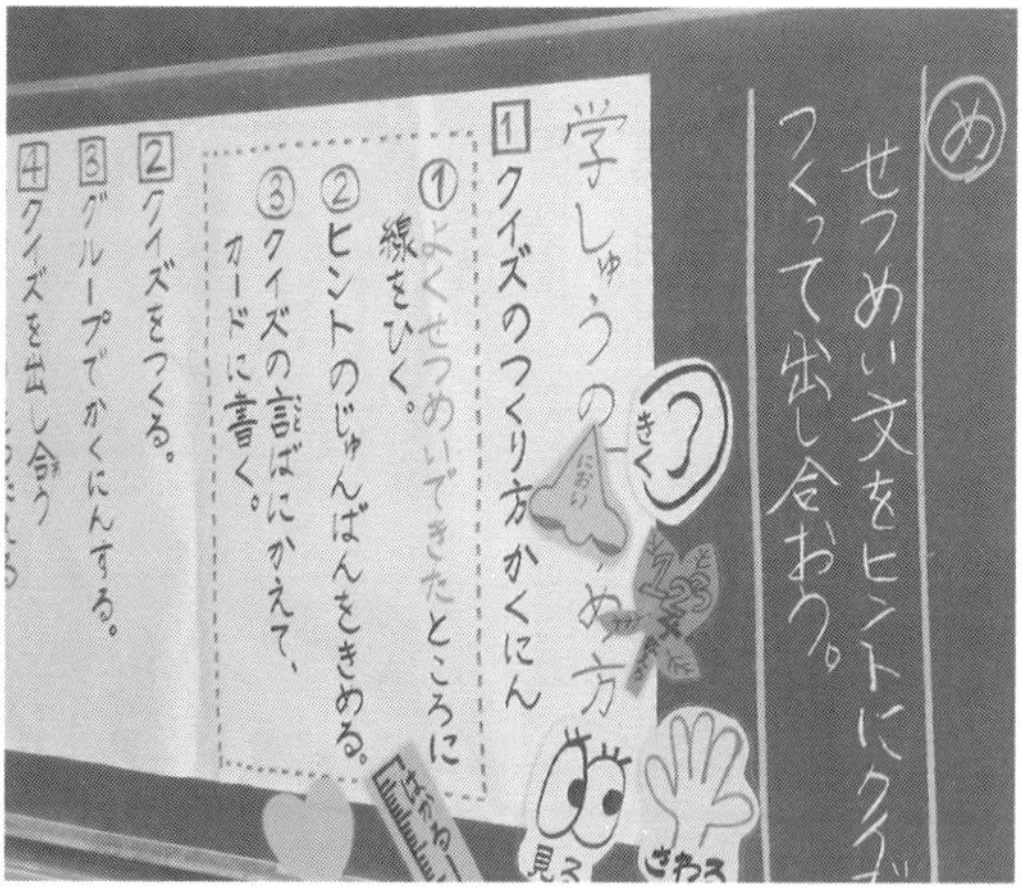

本時の学習の見通しを立てるための板書

■単元の指導計画（8時間扱い）

時	学習活動（○）	指導上の留意点（・）
1	○生活科の町探検一回目に向けた学習の後、発見したことや体験したことを探検記に書き、クイズを作るという見通しをもち、学習計画を立てる。	・生活科の町探検と同時期に本単元を実施する。 ・前年度の二年生が実施した町探検の記録写真を見たり、教師自作の探検記とその記述を基に作成したクイズを解いてみたりするなどして、学習のゴールを体感して見通せるようにする。
2	○町探検一回目を終えて教室に戻ったら、交流して探検記に書きたい発見や体験を選ぶ。 ○写真（ない場合はメモ）を基に、探検記の構成（はじめ：何について書くのか—中：それぞれの見学箇所のどこでどんなことを発見したり体験したりしたか—終わり：探検を通してどんなことを感じたか）を考える。	・町探検では、第一学年時から使用し慣れている学習用カメラで見学したり体験したりしたことを撮影しておく。第2時では、その写真をタブレットの画面で見比べながらペア交流し、特に強く印象に残った発見や体験を選べるようにする。なお、写真がなくても印象に残っているものは書くようにする。 ・文章全体の構成を確かめた上で、中を時系列もしくは印象の強さを基に順序立てて構成できるようにする。

3	○考えた構成を基に探検記（一回目）を書く。	・すぐ書き出すのではなく、選んで書く順に並べた写真等を用い、同じ場所に行った友達と交流して確かめたり、その場所には行っていない友達に、書くのと同じように口頭で説明したりして、言葉を確かなものにしてから書き出すようにする。
4	○書いた探検記を読み返して、よく書けているところをヒントにして、クイズを作り、出題し合う。	・自分の文章を声に出して読み返し、発見した物事の様子や特徴、触れ合った町の人との会話などを観点に、伝えたいことが伝わる表現を見付けてヒントにし、クイズを作って出題し合う。解答者は最後に出題者の文章を読んで、よいところを伝える。
7・6・5	○第2～4時と同様に進めて探検記（二回目）を書き、クイズを作って出題し合う。（本時7／8）	・生活科の学習でも、二回目の探検に向けて、新たに見学したいところや、もう一度、今度はもっと詳しく見たいことなどを明らかにしている。これを生かし、国語科でも「もっと詳しく書きたい」など、課題意識をもって学習に臨めるようにする。
8	○探検記に表紙をつけて綴じ、まとめをする。	

■本時の指導（本時7／8）

①本時の指導目標

クイズにするという目的をもち、自分の文章を読み返したり、友達の文章を読んだりして、自分の文章の内容や表現のよいところを見付けることができる。（B(1)オ）

②本時の指導計画

分	学習活動	指導上の留意点（・）と評価規準（◇）
0	1　学習の目当てと進め方を確かめる。	・第4時に作成したクイズとその元になった探検記（第一回）を振り返り、本時はそれと同様に進めることを確かめる。
	探検記（二回目）を読み返して、クイズを作って出し合おう。	
5	2　第4時でヒントにした「文章のよいところ」を確かめる。	・町探検で発見したり体験したりして、ぜひとも書きたいと思うことをうまく表せた言葉や書き表し方（物事の様子や特徴、触れ合った町の人との会話等）をヒントにすることを確認する。
7	3　前時に書いた探検記（二回目）を	・以下の学習活動は、第4時での学習を想起して、一人一人の学

時間	学習活動	留意点
	読み返し、クイズの答えとヒントになる語や文を選ぶ。	習の進捗状況に応じて進めてよいこととする。また、必要があれば元に戻って学習を進めてもよいこととする。 ・前時に書いた探検記（二回目）を声に出して読み返すとともに、探検の写真なども合わせて振り返り、答えにしたい物事や場所、ヒントにしたいそれらの特徴等を表した表現などを見付ける。
12	4 答えとヒントになる語や文を用いて、クイズの文章を書く。	・クイズは、「出題文」「ヒント（複数）」「答え」の構成とし、口頭で繰り返し言ってみて、書けそうだと思ったら書き出すようにする。必要ならば、試しに隣の友達に口頭で出題して確かめてみるようにする。
25	5 クイズを出題し合う。	・クイズを作り終えた子供から、相手を見付けてペアになり、クイズを出題し合う。 ・ペア交流の最後には、お互いが書いた探検記の文章を声に出して読み返し、文章のよいところを伝え合う。 ・相手を替えながら、何度もクイズ交流を繰り返す。
37	6 自分の文章のよいところを確かめて学習のまとめをする。	・自分の探検記をもう一度読み返す。 ◇クイズにするという目的をもち、自分の文章を読み返したり、友達の文章を読んだりして、自分の文章の内容や表現のよいところを見付けている。（B⑴オ）
45		

■個別最適な学びを実現する指導のポイント

子供たちが書いて伝えたいという思いを強くもてるようにすることがポイントです。そのため、生活科の町探検では、安全への配慮を最優先にしつつ、子供一人一人の思いや願いを大切にして環境との関わりや人との関わりをもてるようにしましょう。また、探検を繰り返すことで体験を通した気付きの質も高まり、それがそのままその子らしい表現の質の高まりに直結します。

■協働的な学びを実現する指導のポイント

本事例の工夫点である「クイズづくり」は、友達とクイズを出題し合うものであるため、活動の中に必然的に交流が生じます。それを生かす真のねらいは、友達に出題するクイズを作るために、という意識の下、自分自身の文章を意識して読み返し、よいところを自覚的に見付けられるようにするところにあります。

第3節　3年「たから島のぼうけん」

■事例の概要

1　単元名　冒険物語を書こう

2　単元で指導する主な指導事項

○〔知識及び技能〕(1)カ　主語と述語との関係、修飾と被修飾との関係、指示する語句と接続する語句の役割、段落の役割について理解すること。

○〔思考力、判断力、表現力等〕「B　書くこと」

(1)イ　書く内容の中心を明確にし、内容のまとまりで段落をつくったり、段落相互の関係に注意したりして、文章の構成を考えること。

(1)ウ　自分の考えとそれを支える理由や事例との関係を明確にして、書き表し方を工夫すること。

3　言語活動とその特徴

宝島で宝を探す冒険物語を創作する言語活動を位置付けます。

低学年の創作文では、展開が「結末」まではっきりした物語を創ることに重点を置きますが、中学年の本事例では、「冒険の発端や登場人物の紹介の叙述」—「冒険の過程で事件が起き、それが解決に向かう」—「冒険が終わり帰っていく」といった構成を基に、特に中の部分では、事件とその解決を繰り返したり、前段に伏線を張って、後段で解決する際にそれを生かしたりするなどして、書く内容の中心を明確にして構成を工夫したり、その中心的な場面の書き表し方を工夫したりする資質・能力を育みます。

地図を描きながら発想を広げる

■ロングレンジを取り入れた単元構想のポイント

「書くこと」の学習は、指導事項の配列に表されているように、「課題の設定」「情報の収集（取材）」「構成の検討」「記述」「推敲」「共有」といったプロセスが比較的明確である点に特徴があります（ただし記述行為が必ずしもこの順に進むわけではなく、実際の指導に当たっては、大づかみに構成してから情報収集を行うなど、柔軟性とバリエーションをもたせる必要があります）。

子供たちは低学年の頃からこうした過程を繰り返して「書くこと」の学習を経験してきています。そこで、単位時間で区切ってそれぞれの過程を書き進めさせるのではなく、ゴールを見通しておよその時間配分を判断しながら学習を進めることに慣れさせていきます。

そのため、「創作文完成の期限の共有」「創作文例の例示」「日付を書き込める形式の単元の学習計画表」「予定通りに進まなかった場合の対策例」「登場人物の設定例、書き出しや山場の描写の文例集など、過年度の子供たちの学習成果を生かしたＦＡＱ」「完成前のチェックリスト」などを活用した言語環境的支援を緻密に行っていきます。

■単元の指導計画（8時間扱い）

時	学習活動（○）	指導上の留意点（・）
1	○教師自作のモデル創作文や、前年度の三年生の創作文例を基に、学習の見通しを立て、単元の学習計画をつくる。	・これまでの「書くこと」の学習を振り返り、「題材を決める（物語のテーマ）」「書きたい事柄を選んだり集めたりする（登場人物や主な出来事の設定）」「組み立てを考える」「書く」「読み返してもっとよい文章にする」「できた文章を読み合う」といった学習過程に基づき、学習の進め方を見通す。 ・最終的に何月何日までに完成させるかを学級全体で確かめた上で、それぞれの国語の時間にどこまで進めるかを考えてみる。 ・第2時以降の学習については、一律には進めず、自分が特に力を入れたいところに時間をかけるようにする。
2	○宝島の地図を描きながら、登場人物や出来事などを決めたり選んだりする。	・地図を一通り描いた上でペア・グループ交流し、お互いの発想を情報交換したり、友達に説明したり聞いてもらったりしながら、登場人物や出来事などを付け加えたりしていく。
3	○物語の組み立てを考える。	・大きくは、「発端」―「事件とその解決」―「結末」とするが、

時	学習活動	指導上の留意点
5・4	○物語を書く。（本時5／8）	書きたい中心を明確にするため、以下のような構成上の工夫を選択できるようにする。 □事件とその解決を繰り返し、最後に山場がくる。 □小さな出来事が、大きな事件の解決のカギになる。 □予想外の出来事が起きて解決に向かう。　など ・いずれの時間も、宝島の地図や書きかけの文章を用いながら口頭で十分交流して物語を明確にしていき、取材、構成、記述、推敲していく。
6	○書いた物語を推敲する。	・各時間の振り返りの際、自分の進捗状況を確かめ、次の時間に進めることを決定する。
7	○完成した物語を読み合う。	
8	○表紙をつけて3年○組の冒険物語集を完成させる。	・表紙をつけて物語集として完成させた後、次年度にも活用できるようにデータ化するなどして保存しておく。

■本時の指導（本時5／8）

①本時の指導目標

伝えたい物語の面白さとそれを支える出来事や人物の様子などとの関係を明確にして、書き表し方を工夫することができる。（B(1)ウ）

②本時の指導計画

分	学習活動	指導上の留意点（・）と評価規準（◇）
0	1　学習の目当てを確かめる。	・単元計画表を基に、本時はどこまで書き進めるかを確認できるようにする。
	○月○日の物語完成に向けて、「　　」に取り組もう。	
20	2　書き進める上で困っていることや友達に尋ねてみたいことなどをはっきりさせる。	・まず一人で書き進める場合でも、交流して書きたいことをより明確にしようとする場合でも、具体的な学習の目的をもつように促す。

45　40 5

3　各自の学習計画に基づいて物語創作を進める。

4　次時の学習の目当てを確かめる。

【子供の課題に応じた手立て例】

□書き進めてはいるものの自分の課題が浮かび上がってこない。

↓類似の創作文例と自分の創作文を読み比べたり、当面書き進めてみて、詰まって意見を求めたくなったら交流したりする。

□途中まで書いたが、何をどう書けばよいか分からなくなっている。

↓宝島の地図を見返したり、書き足したり、地図を用いてストーリーを交流したりする。

□山場になるところがあっさりとしか書けていない。

↓地図を用いて、山場にしたい箇所について友達と口頭で話してストーリーを膨らませたり描写を考え合ったりする。

□結末の書き出し方が分からない。

↓モデル文例の結末の書き出し例を参考にする。

□書き終えてしまった。

↓完成前のチェックリストで自分の物語をチェックしてみる。

・学習計画を基に、自分の進捗状況や次の時間にすべきことを確かめる。

◇伝えたい物語の面白さとそれを支える出来事や人物の様子などとの関係を明確にして、書き表し方を工夫している。（B⑴ウ）

■個別最適な学びを実現する指導のポイント

子供たちが自分の学びを調整して学習を進めようとする際、最終時にも完成に至らない子供が出てくるのではないかといったことも想定されます。そこで前掲のような緻密な教師の支援が重要になります。その際、無理なく効果的な支援を行うポイントとしては、「完成の期日を明示する」「前年度の子供たちの文章を活用させてもらう」「日付を入れられるようにした単元計画の枠は、どの単元でも共用にする」といったことが挙げられます。

■協働的な学びを実現する指導のポイント

孤立した学びにならないようにするため、「書くこと」の学習では、特に「口頭で交流して言葉をはっきりさせてから書く」といったプロセスを工夫することが有効です。その際、本事例では、手書きした宝島の地図を用いたり、交流を通して新たに発想したことをその地図に書き加えたりしながら学習を進めていくようにします。

第4節　4年「もしものときにそなえよう」

■事例の概要

1　単元名　災害が起きた時にどうしたらいいかを調べて報告しよう

2　単元で指導する主な指導事項

○〔知識及び技能〕(2)ア　考えとそれを支える理由や事例、全体と中心など情報と情報との関係について理解すること。

○〔思考力、判断力、表現力等〕「B　書くこと」(1)ウ　自分の考えとそれを支える理由や事例との関係を明確にして、書き表し方を工夫すること。

3　言語活動とその特徴

近年、防災は子供たちにとっても身近で喫緊のテーマとなっています。そこで本事例では、災害など、もしもの時に備えるには、どのようなことが必要なのかを調べて報告する文章を書く言語活動を行います。

調べて報告する文章は、第三学年以降繰り返し取り上げられます。三年生では、主に興味をもったことを調べて、初めて分かったことなどを報告することに主眼を置きます。解説文などと比較した場合、調べて初めて分かった驚きなどを、よりストレートに表現できる点が特徴です。

こうした学習体験を踏まえて、四年生では、ぜひとも調べて発信したいという思いをより強くもって書くことを目指します。また文章構成としては、「はじめ：調査の目的や方法」「中：調査内容や調査結果」「終わり：調査結果から考えたこと」といった組み立てとなることが特徴として挙げられます。

なお、高学年でも調査報告文を書くことが考えられます。その際には、目的や意図に応じて書くことがねらいとなるため、何らかの考えを発信するという目的をもつとともに、書く目的をより効果的に実現するという意図を明確にして調べて書くこととなります。例えば高学年であれば、自分が発信したい考えの根拠をより強固にするために調べ、それを論拠として書くといったことが考えられます。

■ロングレンジを取り入れた単元構想のポイント

調べて報告する文章は、三年生でも書いています。そこで、これまでの調査報告文と、今回書く調査報告文とでは、どのような違いがあるのかが分かると、子供たちの見通しがより鮮明になります。本事例では、テーマを設定した後、これまでに書いた調査報告文と、本単元のモデル文とを比較する学習を取り入れます。そしてこれまでは、調べてみて初めて分かった驚きなどを詳しく書いてきたのに対して、今回は調べて分かったことを、読み手によりよく伝えるため、理由や事例を工夫して書くことに力点があることを子供たちと共有していきます。これは中学年以降の、他の「書くこと」の単元の導入でも有効な手立てです。相手に伝えるという意識がより強くなることから、相手に読んでもらう場面をリアルにイメージできるようにする手立ても有効です。

また同時に、これまでの調査報告文を書く学習体験を生かし、ゴールから逆算して学習を進めるとともに、交流相手に書いた文章を読んでもらった反応などを実感できるようにすることで、次の単元のゴールイメージをより鮮明にもつことにつなげていきます。

■単元の指導計画（8時間扱い）

時	学習活動（○）	指導上の留意点（・）
1	○自分が調べたい防災の情報やテーマを決める。	・社会科や総合的な学習の時間等での防災に関する学習機会に、自分が知るだけでなく、周りの人にも知らせたいという思いを喚起し、国語科で自然災害等のもしもの場合にどう備えるかについての調査報告文を書くという見通しをもたせ、情報収集の期間を確保しておく。 ・単元の第1時の実施期日も事前に子供たちと共有しておき、第1時までにおよそ調べたいテーマを想定したり、情報を集めたりしておけるようにする。
2	○これまでに書いてきた調査報告文と、今回書く調査報告文のモデル文とを比較し、特徴を把握して見通しをもつ。	・これまでの学習で書いてきた調査報告文とモデル文を比較し、読み手に具体的に伝えることに力点があることを確かめる。

4・3	○以下、状況に応じて、追加の情報収集、構成、記述と進める。必要に応じて類似テーマを選んだ子供同士で構成したグループでの交流を取り入れる。	・書いた文章を読み手に届ける期日を確認し、逆算して見通しをもって学べるようにする。 ・文章作成は一人一台端末を用いることとし、情報収集、構成、記述の順序も柔軟に入れ替えて書き進められるようにする。
5	○記述について、自分が読み手に伝えたい考えが明確になる理由や事例を選ぶことができているか、立ち止まって確認する。（本時5／8）	・前時までに子供の情報収集、構成、記述の状況を把握しておき、必要なタイミングで、伝えたい考えをきちんと支える理由や事例になっているか検討する時間を取る（子供たちの学習の状況によっては、前倒しして実施することも想定しておく）。 ・理由や事例は書いてはいるものの、伝えたい考えに合っていなかったり、もっと適切なものが他にあったりしないかを確認できるようにする。
7・6	○必要な修正箇所を修正し、調査報告文を完成させる。	・書き直しが容易にできるように、一人一台端末の文章作成ソフトを活用する。 ・どこがどのように修正を必要とするのか確かめてから修正していくようにする。
8	○各自が決めた相手に読んでもらい、反応を得た感想を交流する。	・書いたことが伝わった、あるいはもっと工夫したいといった実感を交流し、次単元以降の学びにつなげる。

■本時の指導（本時5／8）

①本時の指導目標

考えとそれを支える理由や事例など、情報と情報との関係について理解することができる。（知(2)ア）

②本時の指導計画

分	学習活動	指導上の留意点と評価規準（◇）
0	1　書き進めている自分の文章などを読み返し、改善を図りたいところを確かめる。	・生きて働く知識・技能となるよう、前時までの子供たちの学習状況を踏まえ、必然性を実感できるタイミングを見計らって本時を実施する。 ・各自がこれまで集めた情報や考えた構成、書き進めてきた文章等を見返して、読み手に伝えたい考えと、書こうとする理由や事例が合致しているかを確かめられるようにする。
	自分が読み手に伝えたい考えが明確になる理由や事例を選ぶことができているか確かめよう。	
5	2　考えを支える理由や事例とはどの	・以下のようなモデル文を用いて、検討の視点を共有する。

	ようなものかを確かめる。	□理由や事例は書かれているが、伝えたい考えとずれている。 □考えとは合ってはいるが、伝えたい相手に応じた理由や事例にするためには、もっと別の理由や事例を選んだ方がよい文章になっている。
15	3　類似のテーマを調べている友達同士でグループになり、伝えたいことと、書こうとしている理由や事例が合ったものになっているかを検討し合う。	・第2時以降構成したグループで、書こうと考えている理由や事例について、ぴったり合ったものとなっているかを検討していく。合っていないと判断したら、皆でどの事例がふさわしいか探してみる。 ・まず特定の知識を与えてしまうのではなく、子供たちが言語活動を進めるなかで必要となる知識や技能が浮かび上がってきたタイミングで、知識・技能の指導を位置付けていくようにすることで指導の効果を高める。 ・教師は机間指導を行い、つまずいている子供に重点的な支援を行う。
40	4　学習活動3での検討が終了したグループから、各自の学習計画に基づき学習を進める。	◇考えとそれを支える理由や事例など、情報と情報との関係について理解している。（知(2)ア）
45	5　本時の学習を振り返り、次時の学習の目当てを決める。	・自分の次時の目当てを一人一台端末から教師に提出するようにし、一人一人の学習状況を確認する。

■個別最適な学びを実現する指導のポイント

学年が上がっていくにつれて、子供たちの情報収集源も広がります。「書くこと」の学習ですので、文献情報に限らず、各教科等の学習体験、身近で見聞きした防災に関する情報など、幅広く活用できるようにします。そのため、本単元に入る前から防災に関する調査報告文を書くことを予告しておき、子供たちが課題意識を高めたり、情報収集したりする期間を十分に確保することがポイントです。

■協働的な学びを実現する指導のポイント

子供たちが調べるテーマがはっきりしたら、誰がどのテーマで調べているのかを一覧にします。また、同じあるいは類似のテーマで調べている子供たちが交流しやすいように、テーマ別にグループ編成することも協働的な学びを支える言語環境的支援として有効なものとなります。

第5節　5年「あなたは、どう考える」

■事例の概要

1　単元名　関心のある事柄について主張文を書こう

2　単元で指導する主な指導事項

○〔知識及び技能〕(1)ア　言葉には、相手とのつながりをつくる働きがあることに気付くこと。

○〔思考力、判断力、表現力等〕「B　書くこと」(1)ウ　目的や意図に応じて簡単に書いたり詳しく書いたりするとともに、事実と感想、意見とを区別して書いたりするなど、自分の考えが伝わるように書き表し方を工夫すること。

3　言語活動とその特徴

関心のあることから身近な問題を取り上げて、主張文を書く言語活動を位置付けます。

　意見を述べる文章には、主張文のほか、推薦文や提案文など様々なものがあります。主張文は、他の種類の文章と比較すると、自分の意見をストレートに述べることを中心とする点に特徴があります。自分の意見が正しいと思っても、立場が異なればその意見が的を射たものとは言い切れない場合もあります。そのため、意見が独りよがりにならないよう、他者の立場や視点をも踏まえて意見を見直しながら書くこととなります。

　こうした特徴があることから、文章の構成においても、異なる立場の考えを想定して組み立てることが一般的です。その際、反対意見に反論すること自体が目的ではなく、あくまでも異なる立場の人の考えも考慮に入れて自分の意見を受け入れてもらえるようにすることに主眼を置くこととなります。なお、誰にとっても納得できるような意見を述べようとする場合は、主張する必然性が低くなってしまう点に留意する必要があります。

　自分の主張を考える視点としては、例えばこれまでは当たり前だと思ってきたことについて改めて考えたことや、自分にはない視点で考えてみたこと、関心をもって詳しく調べてみたら新たに分かったことなどが想定できるでしょう。

　多様化する現代社会では、こうした資質・能力がますます重要なものとなります。

■ロングレンジを取り入れた単元構想のポイント

子供たちが見通しをもち、自律的に学び進めて主張文を書くためには、まず、ぜひとも主張する必要のある意見をもつことがカギになります。またそれに加えて、主張文が自分の意見を一方的に述べるものではなく、異なる立場や考え方の人がいることも念頭に置いて、そうした読み手にも納得してもらえるものかを自分自身に問い直して主張していくという、主張文の特徴をしっかりと認識することが大切になります。

すなわち、機械的に反対意見とその対案を考えて書けばよいのではなく、自分の主張が異なる立場の人々にも受け入れてもらえるものとなるようにするために、学びを自ら調整しようとすることが必要になります。

そのため一人一台端末を活用するなどして、自分の主張に対して「それでは困る」と考える人から意見をもらって主張を見直したり、見直した主張の妥当性について幅広く意見をもらったりするなど、試行錯誤しつつ学びを進めていく過程を重視して単元を構想していきます。

■単元の指導計画（7時間扱い）

時	学習活動（○）	指導上の留意点（・）
1	○前年度の五年生の主張文やモデル文を読み、身近な生活から題材を見付けて主張文を書くという課題を設定する。	・前年度の五年生の主張文を紹介し、日常生活などの中から主張したいと感じる題材を見付けるよう促す。 ・モデル文を用いて、文章中に異なる立場の考えを入れて書いていることを確かめ、その意図について考えられるようにする。 ・現時点でどんな題材を想定しているかを情報交換する。
2	○題材を決め、主張とその根拠を仮決定する。	・第1時と第2時との間に一週間程度各自で検討する期間を置き、更に題材を探す。この間、随時見付けた題材について一人一台端末を用いて情報共有していく。
3	○仮決定した主張とその根拠について、「それでは困る」「もっと別の考え方もある」という友達と交流して意見をもらう。	・いったん考えた主張とその根拠について、手順通り構成、記述へと進めてしまうのではなく、異なる視点を取り入れて、主張をよりよいものにしていけるよう再検討の時間を計画に織り込んでおく。
	○もらった意見を基に自分の主張を見	・ＩＣＴを活用し、異なる立場の意見をもつ友達を募り、自分に

時	学習活動	指導上の留意点
5・4	直し、構成を考える。 ○これまでの学習を踏まえて構成を考え、一度文章に書く。 ○書いた文章を、別の立場の考えをもつ友達に読んでもらい、意見や感想を踏まえて手直しが必要か判断する。また、必要に応じて手直しする。 （本時５／７）	はない視点や考えを得られるようにする。 ・異なる立場での意見を踏まえ、どう対応すればよいか考えて主張を再検討したり、述べ方を考えたりする。 ・これまで集めた情報や考えた構成を基に、一度自分の主張を主張文として文章化してみる。 ・一度で完全な文章を書くのではなく、他者の意見を踏まえて更に書き表し方を工夫して書き直すことを前提に、一人一台端末の文章作成ソフトを用いて文章を書いていく。
6	○主張文を推敲し、完成させる。	・他の立場の読み手にも納得してもらえる主張となるようにという視点から書き表し方を工夫できるように、文例を示す。
7	○完成した主張文を読み合い、学習のまとめをする。	・ＩＣＴを活用し、異なる立場の意見をもっていた友達を中心に文章を読んでもらい、納得できる主張となっているか、なっているとすればどのような記述が納得できる要因になっているかについて対面交流により意見や感想をもらう。

■本時の指導（本時5／7）

①本時の指導目標

目的や意図に応じて、異見を受け入れたり、根拠を示して対案を提示したりするなど、自分の主張が伝わるように書き表し方を工夫することができる。（B⑴ウ）

②本時の指導計画

分	学習活動	指導上の留意点（・）と評価規準（◇）
0	1　各自の学習の目当てを確かめる。 **読み手に納得してもらえる主張の書き表し方を工夫して主張文を書こう。**	・前時の振り返りと本時の目当てを確認し、本時に取り組むことを確認する。
2	2　各自が必要と判断する学習内容に基づき、学習を進める。	・主張文を、異なる立場の考えをもっている人にも納得してもらえるものにするという最終ゴールや、完成までの期限を念頭に置いて、前時に一通り書いた主張文を読み返し、本時に自分は何をすべきなのかを一人一人明らかにする。 ・単に話を聞いてもらいやすいからという理由ではなく、意見を

43

【想定される課題状況と学習例】

□一通り書いてはいるが、異なる立場の意見が具体的に書き切れていない。

→どういう点で自分の主張では受け入れ難いのか意見を聞いて書く。

□異見を具体的に踏まえて書いてはいるが、その対応策が弱い。

→どんな対応策を加味して主張すれば納得してもらえるのか意見を聞いて書く。

□内容は書けてはいるが、書き表し方が不十分。

→類似のテーマの友達と交流し、書き表し方を参照して記述する。など

45

3　本時を振り返り、次時の学習の目当てを決める。

もらえる相手を、意図をもって判断できるよう、自分の主張やその根拠を、ＩＣＴを活用して学級内で共有し、対面で交流できるようにする。

・交流の際は、以下のように進める。

①自分が今主張文作成に当たって困っていることと意見をもらいたいことは何かを相手に口頭で説明し、②書いている主張文を読んでもらい、③具体的にどこをどう修正したらよいかについてコメントをもらう。なお、②では、自分の文章を相手の端末に送り、手元でしっかりと読んでもらう。また、端末上で文章にサイドラインを引くなどして、どの叙述を修正すればよいかを互いに焦点化できるようにする。③では、「もっと分かりやすく書いた方がよい」といった抽象的なコメントではなく、「例えば、……って書いてもらえたら私も納得できるよ」などと具体的な文例を相手に返せるよう対面交流を進める。

◇自分の主張を伝えるという目的やその主張を異なる立場の考えをもっている読み手にも納得してもらえるものにするという意図に応じて、異見を受け入れたり、根拠を示して対案を提示したりするなど、自分の主張が伝わるように書き表し方を工夫している。（B⑴ウ）

■個別最適な学びを実現する指導のポイント

本事例では、振り返りの活動を生かし、次時にどのような点を修正して学習を進めるのかを考えるようにします。単元の導入時に立てた計画を手順通りに進めるだけではなく、自分の主張を見直す過程と合わせて、学習計画も見直して軌道修正が可能なようにします。そのため、当初の学習計画は余裕をもって立てることとし、学び進める過程で試行錯誤する余地を十分とれるように配慮します。

■協働的な学びを実現する指導のポイント

本事例では、一人一台端末を活用して、学級内の他の友達の意識や意見を把握できるようにし、それを手掛かりに意図を明確にして交流できるようにします。その際、一人一台端末はあくまでも相手を判断するために活用し、交流する場面では、意見を求める相手と対面で交流することとします。

第6節　6年「デジタル機器と私たち」

■事例の概要

1　単元名　デジタル機器とうまく付き合うための提案文を書こう

2　単元で指導する主な指導事項

○〔知識及び技能〕(1)オ　思考に関わる語句の量を増し、話や文章の中で使うとともに、語句と語句との関係、語句の構成や変化について理解し、語彙を豊かにすること。また、語感や言葉の使い方に対する感覚を意識して、語や語句を使うこと。

○〔思考力、判断力、表現力等〕「B　書くこと」(1)イ　筋道の通った文章となるように、文章全体の構成や展開を考えること。

3　言語活動とその特徴

デジタル機器とうまく付き合うための提案文を書く言語活動を位置付けます。意見を述べる文章の一種である提案文は、読み手の行動変容を促す文章である点に特徴があります。提案を受ける人がその提案内容に納得し、提案に即して実際に行動することを目指します。そのため、意見、つまり提案内容は具体的で実行可能なものであることが前提となります。

言語活動の設定に当たっては、こうした特徴を踏まえて誰に向けて、どのような提案をするための文章を書くのかをよく検討する必要があります。例えば校長先生に向けて、休み時間をもっと長くしてほしいといった提案は、一見子供たちが興味をもって取り組めそうですが、多くの場合実現が難しいため、せっかく書いたことが実らない結果になりがちです。そのため、そうした状況に陥らないように十分配慮して言語活動を設定することが大切です。

提案したことが実行され、読み手の生活がよりよいものになっていくことを目の当たりにできれば、書くことのよさを強く実感することができ、言葉がもつ力を信じて更に実生活に生きる学びを進めることができることでしょう。

■ロングレンジを取り入れた単元構想のポイント

構成の指導事項であるB⑴イを中心的なねらいとして設定します。子供たちが確実に「文章全体の構成や展開を考えること」ができるようにするため、本事例では、一人一人が自分の提案文の構成や論の展開を工夫して書き進められるようにします。

また「提案」することについては、「話すこと・聞くこと」の既習単元で学んでいます。そこで学んだ「提案」の基本的な特徴を十分想起することで、既習の学習体験を生かした自律的な学びとなるようにします。

本事例で取り上げる、「デジタル機器とうまく付き合うには」という課題は、子供たちの日常生活とも深く関わるものです。また、様々なデジタル機器との関わりの中から、一人一人がぜひともこのことを提案したいという思いをもった題材を選択・判断して書くことができます。提案文を読む相手としては、校内の身近な人を選ぶことによって、自分の提案を実行してもらう様子を見たり、実行しての感想を返してもらったりすることが可能になります。

■単元の指導計画（6時間扱い）

時	学習活動（○）	指導上の留意点（・）
1	○デジタル機器との関わりの中で、自分や周りの人が困ったことなどを出し合い、デジタル機器とうまく付き合うための提案文を書くという課題を設定する。	・子供たちの日常生活でデジタル機器との関わりで課題となっていることを想起させておく。 ・既習事項である提案スピーチの学習体験を振り返り、提案の特徴を確かめる。
4・3・2	○題材や提案する相手を設定する。 ○提案の期日を確認し、そこから逆算して自分の学習計画を立てる。 ○各自の計画に基づいて学習を進める。 （本時3／6） 【学習の進め方例】 □既にある程度材料が集まっている	・提案文の構成として、大きくは「提案内容と提案の理由」―「提案の具体的な内容と実行方法」―「提案を実行した場合のメリット」という構成を踏まえることを確かめた上で、「提案理由に実体験をもってきて、その後の提案を実行したいと思っ

時	学習活動	指導上の留意点
	ため、構成を考えてから、追加の材料を集めて書く。 □提案スピーチをした体験を基に、まずは一人一台端末で提案文を書いてみてから、追加取材したり、順序や内容を入れ替えて構成や展開を工夫したりする。	てもらう」「提案の具体的な内容を簡便な手立てから、より大きな効果が得られるものへと配列して、読み手に選択して実行してもらう」など、展開の工夫例を例示し、学習の見通しをより具体的にもてるようにする。 ・設定した課題などによって、学習の進め方が異なってくることを確かめ、見通しをもって学習を進められるようにする。 ・各単位時間の最後に学習を振り返り、ゴールから逆算して次時に何をどこまですべきなのか判断して目標設定する。 ・類似のテーマの子供たちが近い席に座るようにし、いずれの時間も、交流を通して学べるようにする。 ・子供が提出した学習の目当てを基に、机間指導を行う。特に単元目標に直結する、構成や展開の工夫について、重点的に支援を行う。
5	○完成した提案書を、提案する相手に読んでもらい、感想を得る。	・第5時は、それまでに完成していれば読み手に提案文を渡すこととするが、未完成の場合は、記述に時間を充てられるよう予備の時間として位置付けておく。
6	○一定期間後、相手に、自分の提案書がどのように役立ったのかを聞き取り、学習のまとめをする。	・完成した提案文と、聞き取りの結果とをデータ化し、次学期や次年度の六年生の学習に生かせるようにしておく。

■本時の指導（本時3／6）

①本時の指導目標

筋道の通った提案文となるように、文章全体の構成や展開を考えることができる。（B(1)イ）

②本時の指導計画

分	学習活動	指導上の留意点（・）と評価規準（◇）
0	1　各自が取り組む内容を確かめる。	・提案文の完成の期日から逆算して本時で必要な学習内容を確認する。
	提案文の完成に向けて、「　　」に取り組もう。	
20	2　提案文の完成に向けて、各自必要な内容に取り組む。 【想定される学習内容例】 □一通り材料は集まったので、まず定番の順序で構成してみる。その	・前時末に立てた本時の学習の目当てを踏まえ、具体的な内容を確定する。 ◇筋道の通った提案文となるように、文章全体の構成や展開を考えている。（B(1)イ） ・子供一人一人の学習内容に即しながら、教師は机間指導をじっ

	後、より訴える力の強い書き出しとなるよう材料を工夫する。 □現在考えている文章構成と展開で、提案を実行してみたくなるか、友達に読んでもらって意見を得る。 □一度端末で書いてみた文章について、構成や展開の工夫例を参考に、文章の内容や順序を入れ替えて書き直す。　など	くりと行い、右の評価規準（◇）を用いて、文章全体の構成や展開を具体的に工夫できるよう助言していく。 ・提案内容が具体的で実行可能なものであること、提案理由と提案内容とが合致していること、提案を実行した場合の効果が具体的に述べられており、提案内容と結び付いていることなど、構成や展開の整合性を視点として助言を行う。 ・随時交流ができるように、類似のテーマを選んでいる子供たちが近くの席に座るようにする。 ・交流に当たっては、これまでの学習の仕方を生かし、まず提案文で誰に、何をどのように伝えたいのか、その上でどこをどのように悩んで相談したいのかを明確にする。また、文章や取材・構成メモ等を相手の端末に送り、じっくりと読んでもらえるようにする。 ・調べたり考えたりする時間、交流する時間、書き進める時間の配分については、子供一人一人が各自の学習進度を見通して判断できるようにする。
40 45	3　本時の学習を振り返り、次時に取り組む内容や学習の目当てを決め、一人一台端末から教師に送信する。	・提出した次時の学習内容や目当ては、相互に参照できるようにし、友達の進捗状況を踏まえて、自分の学習の進め方の状況判断をしたり、自分の目当ての設定の参考にしたりする。

■個別最適な学びを実現する指導のポイント

書くことの一般的な過程として、課題の設定―情報の収集―構成の検討―記述―推敲といったものはありますが、実際の記述行為の進み方はもっと多様です。例えばＩＣＴ機器を活用すれば、まず書いてみてから不足している情報を追加取材するといったことも可能になります。こうしたことを踏まえて、本事例では既習の学習体験を存分に生かし、単元全体を子供が自律的に学び進められるようにします。

■協働的な学びを実現する指導のポイント

学びが孤立してしまわないように、できるだけ類似のテーマを選んでいる子供同士が近い席に座って学習を進められるようにする学習空間的な支援によって、自然発生的な交流を促すこととします。これまでの学習で「交流したら考えがまとまった」といった実感をもっていることが、こうした協働的な学びを一層促進する原動力になります。

第1節　1年「どうぶつの赤ちゃん」

■事例の概要

1　単元名　動物の赤ちゃんのすごいところをカードで紹介しよう

2　単元で指導する主な指導事項

〇〔知識及び技能〕(1)カ　文の中における主語と述語との関係に気付くこと。

〇〔思考力、判断力、表現力等〕「C　読むこと」(1)ウ　文章の中の重要な語や文を考えて選び出すこと。

3　言語活動とその特徴

「動物の赤ちゃんのすごいところをカードで紹介する」という言語活動を位置付けます。このカードには、

①「図鑑を読んで見付けた、動物の赤ちゃんのすごいと思ったところ」を書き抜く部分
②そのわけを説明する部分

の二つを位置付けます。「C　読むこと」の(1)ウに示す「文章の中の重要な語や文」とは、読み手として必要な情報を適切に見付ける上で重要になる語や文をも意味します。つまり、カードの①や②に当たる情報が、この学習で子供たちが図鑑などの情報を読んで、考えて選び出す重要な語や文ということになります。そのため、「すごい」と思う意識を明確にもっていればいるほど、子供たちの学びが深まります。

また、一年生の子供たちが日常生活で図鑑を読む際、「この動物のここがすごい」といった意識で読むことが想定されます。この学習が、子供たちが日常的に興味をもったことを図鑑などで調べることにもつながるものとなるように、「すごいところを見付ける」といった、自然な言語の意識を生かした言語活動を設定することがポイントです。

同じ理由から、図鑑を準備する際は、できるだけ図書室や公立図書館にある、本物の図鑑や科学読み物を揃えることが基本です。多くの子供は幼児期から図鑑情報に親しんでいます。「一年生には図鑑は難しい」などと構える必要はありません。

■ロングレンジを取り入れた単元構想のポイント

一年生でもペア交流をためらう必要はありません。就学前の幼児期であっても何らかの思いをもって交流する体験を重ねてきたからです。むしろ、画一的に逐一指示して全員を揃えさせることを優先させたりしてしまうと逆効果になりがちです。待つ時間が長くなり、子供が自主性を発揮しにくくなるからです。教師の支援としては、子供が「どの動物を選んでいる友達と交流したいか」といった判断をする手掛かりを明示することが有効です。下の写真では、誰がどの動物を選んでいるかが分かる掲示物の工夫によって、子供自らが相手を判断してペア交流することを促す事例となっています。

交流する相手を選ぶための掲示物の工夫

■単元の指導計画（8時間扱い）

時	学習活動（○）	指導上の留意点（・）
1	○教師のカードの紹介を聞き、図鑑等をどのように読んでカードにまとめたのかを確かめ、学習計画を立てる。	・動物の赤ちゃんの成長や動物の生態に関する図鑑や科学読み物を揃えて、いつでも読めるようにする。 ・教師自作のカードを掲示したり紹介したりし、関心を向けさせていく。 ・教師がいろいろな図鑑等を読み、その中から興味をもった動物を見付け、すごいところやそのわけを文章から選び出してカードにまとめていく過程を演示する。
2	○「どうぶつの赤ちゃん」の内容の大体を読み、興味をもったところを話し合う。	・ライオンとしまうまそれぞれの説明の文章を上下二段に配置した全文掲示を活用し、両者を比べやすくする。
3	○ライオンかしまうまを選び、「すごい」と思うところを見付けてカードに書き出す。	・すごいと思う文にサイドラインを引き、交流を繰り返して口頭で何度も説明する。文章をそのまま引用しただけでは「すごい」と思うところが伝わらない場合、口頭で言い換える。
4	○ライオン、しまうま、カンガルーの	・子供たちの理由付けを整理し、典型的なものをピックアップす

	いずれかを選び、「すごい」と思うわけをはっきりさせる。	る。 【例】ライオンと比べてたった……だけで……できてすごい。 【例】人間の赤ちゃんはこんなに早く……できないからすごい。　など
5	○前時に選んだ動物の「すごいと思うわけ」をカードに書き出し、ミニ紹介交流を行う。	・前時で整理したわけの説明の仕方を参考に、カードに書き出す。
6	○図鑑等を読んで選んだ動物の赤ちゃんの「すごい」と思うところを見付け、カードに書き出す。	・図鑑等を活用する際には、可能な限り本そのものを用いるようにする。 ・低学年のＩＣＴの活用場面としては、本文を読む際ではなく、カードを作成する際に用いるなど、本を読むことを阻害しないよう配慮する。
7	○選んだ動物の赤ちゃんの「すごいと思うわけ」をカードに書き出す。 （本時７／８）	・並行読書マトリックスを活用し相手を見付けてペア交流を繰り返すことで、すごいと思うわけを明確に考えて選び出せるようにする。 ・十分交流してから書き出す。
8	○カードと図鑑等を用いて、動物の赤ちゃんのすごいところとそのわけを紹介し合う。	・カードは譜面台等において参照できるようにし、図鑑等を開きながら紹介し合う（人数によってはモニター等で拡大提示してもよい）。

■本時の指導（本時7／8）

①本時の指導目標

動物の赤ちゃんのすごいと思うわけを説明する上で、重要な語や文を考えて選び出すことができる。（C(1)ウ）

②本時の指導計画

分	学習活動	指導上の留意点（・）と評価規準（◇）
0	1　学習の目当てを確かめる。 選んだ動物の赤ちゃんの「すごいと思うわけ」を交流して、カードに書こう。	・カードを拡大したモデルを参照し、単元の学習計画表を基に、本時の目当てを視覚的にも確認できるようにする。
2	2　本時の学習の進め方を確かめる。	・第4・5時で見付けて書き出したわけの典型的なものを確認し、見通しをもつ。 ・前時までの進め方を参照し、交流のモデル動画で、今日の交流のポイントをつかめるようにする。 ☆すごいと思うところを一緒に指さしながら読む。 ☆すごいと思うわけを尋ねる。

時間	学習活動	指導上の留意点
5	3　一人ですごいと思うわけを確かめる。	☆見付けたわけを説明する。 ☆聞き手も感想を話す。 ・図鑑等のページを開き、すごいと思うところもしくはわけとなる文や文章を、隣の人に聞こえるぐらいの声で読んでみる。 ・第4・5時で見付けたわけの説明を参考にする。 【例】たった……だけで……できてすごい。 【例】人間の赤ちゃんはこんなに早く……できないからすごい。　など
10	4　相手を選んで交流を繰り返し、すごいと思うわけをはっきりさせていく。	・「同じ動物を読んでいる友達と交流したい」「違う動物を選んでいる友達に説明したい」等の目的をもってマトリックスを活用し、ペア交流を繰り返す。 ・ペアを組んだら空いている席に横並びに座り、真ん中に図鑑等を置いてすごいと思う説明の箇所を開き、叙述を二人で指さして声に出して読んでからやり取りする。終わったら再びマトリックスで相手を見付ける。 ◇動物の赤ちゃんのすごいと思うわけを説明する上で、重要な語や文を考えて選び出している。(C⑴ウ)
35 45	5　すごいと思うわけを書き出し、学習のまとめをする。	・もう大丈夫と思ったら自席に戻り、図鑑等を開いて、もう一度一人でわけを話してから、カードに書き出す。

■個別最適な学びを実現する指導のポイント

強く興味を引かれる対象と出合うことで、子供たちの学びは大きく変わります。本事例では、可能な限りそうした思いをもてるよう、動物の図鑑や科学読み物に親しむことを重視します。その際、科学的知識を増やすこと自体がねらいではありませんので、動物の生態に関する難語句の意味を全て理解させねばと考える必要はありません。

■協働的な学びを実現する指導のポイント

一年生では、ペア交流に慣れていないとの判断から、まず考えを書かせてから交流させることがあります。しかし、書くのに長時間を要する上に、書いたものを基に交流すると、それを読み上げるので精一杯になり、肝心の「図鑑等を読む」という行為に時間を割けなくなります。むしろ図鑑等を開き、叙述を指さして一緒に読みながら交流することを繰り返すことで、徐々に「すごいところ」や「そのわけ」が確かなものになっていきます。

第2節　2年「ロボット」

■事例の概要

1　単元名　調べて見付けたロボットの秘密を説明しよう

2　単元で指導する主な指導事項

○〔知識及び技能〕(3)エ　読書に親しみ、いろいろな本があることを知ること。

○〔思考力、判断力、表現力等〕「C　読むこと」(1)ウ　文章の中の重要な語や文を考えて選び出すこと。

3　言語活動とその特徴

身近な生活で役に立つロボットについて調べ、「手元にあったら助かるな」と思うロボットの機能や役割などについて調べて説明する言語活動を位置付けます。

かつてはＳＦの世界の存在だったロボットが、現在はごく身近なものになっています。教科書教材「ロボット」では、身の回りで活躍する様々なロボットについて説明しています。またそうしたロボットを取り上げた図鑑等も多く出版されています。

子供たちはそれらの情報を読み、「面白いな」「すごいな」と思うロボットについて、どこが、どのようにすごいのかを考えて説明します。その際、「文章の中の重要な語や文」（C⑴ウ）である『すごいな』と思うところやそのわけを説明する上で重要な語や文」を考えて選び出し、説明することとなります。例えばロボットがもつ、人間の能力をはるかに超えた機能や人を助ける上での重要な役割などの情報を見付けることが想定されます。

説明するためには、カードに書き表す場合もありますが、本事例では、図鑑等そのものを開きながら選び出した重要な語や文と、写真等を結び付けて指し示しながら口頭で説明する形式を採用しました。カードなどにまとめて紹介する場合は、書く活動を位置付けることで評価しやすいなどのメリットがありますが、子供たちの実態を踏まえて、繰り返し読み、口頭で言語化していく活動を優先的に位置付けた事例です。紹介している様子は、タブレット端末などで録画することで記録として残しておくことが可能です。

■ロングレンジを取り入れた単元構想のポイント

低学年の指導では、一つ一つ指示を出して、全員の足並みを揃える実践が多く見られます。もちろん習熟過程ではそうした丁寧な指導が大切になりますが、一方で、指示を受けなければ一歩も前に進めない学びを目指すわけではありません。本実践では、子供たちが魅力的なゴールに向かうなかで、自律的に判断して学び進められるようにします。例えば、一人で考えをもったら、交流する目的に合わせて相手を選んで交流します。交流は、図鑑等で見付けたロボットの「すごいな」と思う機能やそのわけなどを明確に説明するためのものですから、もう自信がついたと判断できたら、自席に戻って図鑑等をめくって一人で説明してみたり、タブレットでその説明を録画してみたりするといった学習を進めていきます。

こうしたことを可能にする上では、繰り返しの学習活動が重要になります。教科書教材でも図鑑でも、「すごいな」と思うところを見付ける時間、そのわけを見付ける時間、更には図鑑等で同様にしていく時間、いずれも同じような手順で学習を進めていくことで、低学年の子供たちも安心して見通しをもって学び進めることが可能となります。

■単元の指導計画（8時間扱い）

時	学習活動（○）	指導上の留意点（・）
1	○教師の演示を見て、「ロボットの秘密を図鑑で調べて説明しよう」という課題をもつ。	・いろいろなロボットを紹介した図鑑や読み物を揃え、子供たちのリクエストを基に読み聞かせをするなどして触れさせていく。 ・教師が「興味をもったロボットの図鑑を見付け、すごいところやそのわけを説明する」という演示を行い、学習の見通しをもてるようにする。
2	○教材文「ロボット」を読み、「面白いな」「すごいな」と思ったところを探しながら、内容の大体をつかむ。	・全文掲示を活用し、およその構成を視覚的につかみやすくする。 ・「面白いな」「すごいな」と思うところを説明する上で、中の部分のどのロボットの説明を読みたいか、読むべきかを判断できるようにする。
3	○ロボットについて書かれたいろいろな図鑑等から、説明したいロボットを選ぶ。	・図鑑や科学読み物は、見出しや写真、図などを手掛かりに、内容の大体を捉えられるようにする。
4	○教材文「ロボット」からロボットを	・全文掲示の「面白いな」「すごいな」と思うところに、名前を

	選び、特に「面白いな」「すごいな」と思うことを見付ける。	書いたシールを貼り、これを手掛かりに相手を選んで交流を繰り返し、どこが「面白いな」「すごいな」と思うのかをはっきりさせていく。
5	○図鑑等から選んだロボットの「面白いな」「すごいな」と思うことを見付ける。	・並行読書マトリックスを活用して相手を見付けてペア交流を繰り返し、図鑑等の情報の「面白いな」「すごいな」と思うことをはっきりさせる。
6	○教材文「ロボット」で見付けた「面白いな」「すごいな」と思うわけをはっきりさせる。	・全文掲示を活用し、どのロボットのどこがすごいわけに当たると考えたのかを交流してはっきりさせる。 ・わけとしてどのようなことが挙げられるのか整理する。その際、「面白いな」「すごいな」と思うところとそのわけが重ならないようにする。
7	○図鑑等から選んだロボットの「面白いな」「すごいな」と思うわけをはっきりさせる。（本時7／8）	・前時の学習を手掛かりに、交流してわけをはっきりさせる。はっきりしてきたら、ペアになってタブレットで説明している様子を録画し合う。
8	○調べて見付けたロボットの秘密（「面白いな」「すごいな」と思うことやそのわけ）を説明し合う。	・図鑑等を開いて叙述や写真を指さして口頭で説明し、その後質疑応答を行う。 ・縁日方式のブースを作り、何度か発表できるようにする。

■本時の指導（本時7／8）

①本時の指導目標

調べて見付けたロボットの「面白いな」「すごいな」と思うわけを説明する上で重要な語や文を考えて選び出すことができる。（C⑴ウ）

②本時の指導計画

分	学習活動	指導上の留意点（・）と評価規準（◇）
0	1　学習の目当てを確かめる。	・教師の説明モデル動画を再度視聴し、学習計画を基に、本時はわけをはっきりさせることを確認できるようにする。
	自分が調べているロボットの「面白いな」「すごいな」と思うわけを、交流してはっきりさせよう。	
2	2　前時の学習を確かめ、見通しをもつ。	・前時に、教材文「ロボット」を読んで見付けたわけとして、 □人の代わりに仕事をしてくれる。 □いつでも人の役に立ってくれる。 □人ができないこともできる機能がある。

7	12	37	45
3　一人でわけを考えてみる。	4　相手を選んで交流を繰り返し、わけをはっきりさせていく。	5　自分が調べているロボットの「面白いな」「すごいな」と思うわけを図鑑等を用いて説明し、タブレットで録画し合う。	

等があったことを確かめ、自分の図鑑等からわけを見付ける手掛かりとする。
・図鑑等のページをめくりながら、わけになりそうな箇所に水色の付箋を貼る（第5時には「面白いな」「すごいな」と思うことを説明する語や文にピンクの付箋を貼っている）。
・学習活動3でわけをもう考えた、あるいは迷ってはいるけれど交流してはっきりさせたいと思った子供から交流に移行できるようにする（第4時から同様の進め方とし、習熟させておく）。
・並行読書マトリックスを手掛かりに、相手を選ぶ。横軸は子供の氏名とするが、縦軸は図鑑等の題名ではなく、選んでいるロボットの名称を記載し、お互いがどんなロボットを選んでいるのか一覧できるようにしておく。
・必ず座って、図鑑の記述と写真等を指さして一緒に読んだ上で、図鑑の記載内容を使って交流するようにする。
・交流して「もう十分説明できる」と思ったら、録画スペースに移り、ペアで説明を録画し合う。
◇調べて見付けたロボットの「面白いな」「すごいな」と思うわけを説明する上で重要な語や文を考えて選び出して説明している。（C⑴ウ）

■個別最適な学びを実現する指導のポイント

二年生が自律的に判断するためには、学習に際して魅力的なゴールがあること、選んだり決めたりする場面が確保されていること、そうした学習を繰り返すことによって見通しをもって学び進められることなどが大切になります。

■協働的な学びを実現する指導のポイント

交流を有効なものにするには、空間的な要素が重要になります。「読むこと」のペア交流では二人が横に並んで座って、本を真ん中に置いて、ページを開いて指さして対話できるようにすることが大切です。低学年では、写真のように二人が寄り添って読み合う姿を目指してみましょう。

並んで座り，図鑑を用いて
ペア交流する

第3節　3年「すがたをかえる大豆」「食べ物のひみつを教えます」

■事例の概要

1　単元名　食べ物の秘密を「食べ物変身ブック」でお家の人に報告しよう

2　単元で指導する主な指導事項

○〔知識及び技能〕(2)イ　比較や分類の仕方、必要な語句などの書き留め方、引用の仕方や出典の示し方、辞書や事典の使い方を理解し使うこと。

○〔思考力、判断力、表現力等〕「B　書くこと」(1)ウ　自分の考えとそれを支える理由や事例との関係を明確にして、書き表し方を工夫すること。

「C　読むこと」(1)ウ　目的を意識して、中心となる語や文を見付けて要約すること。

3　言語活動とその特徴

食べ物の加工について図鑑や科学読み物で調べて、初めて分かったびっくりしたことなどを、お家の人に報告する文章として「食べ物変身ブック」にまとめて書く言語活動を位置付けます。

子供たちは、図鑑等を読み、食べ物の加工などについて疑問に思ったことやもっと知りたくなったことを調べて、分かったことやびっくりしたことを、お家の人に報告する文章として書きまとめます。

教材文の多くは解説の文章ですが、初めて分かってびっくりしたことを伝える上では、調査報告文の方がそうした子供たちの思いを伝える上で適しています。そのため、教材文の書き振りをまねて書くのではなく、報告文の特徴を踏まえて書くこととなります。

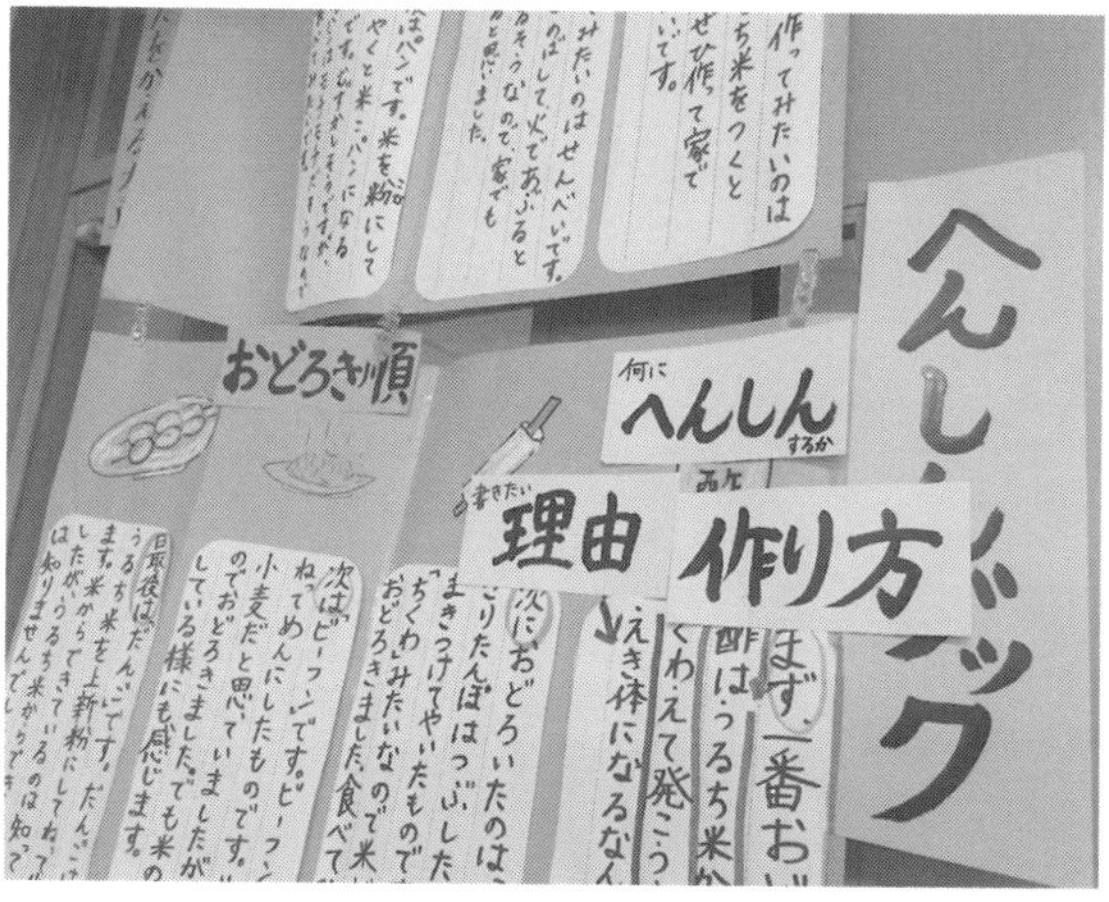

教師自作の言語活動モデルは単元中常時掲示する

■ロングレンジを取り入れた単元構想のポイント

本事例の単元は、「読むこと」と「書くこと」とを組み合わせた、いわゆる複合単元です。その大きなメリットは、「書く」というゴールを見通して「読む」ことを、より目的を意識して行える点にあります。そのため、単に読んでから書くのではなく、前掲のようなゴールのモデルを見据えつつ、図鑑等を単元の導入時から読んで自分はどの食材や加工について書きたいのかを判断できるようにすることがポイントとなります。その際に用いるマトリックスは、物語文の場合とは異なり、縦の軸は本の題名ではなく、テーマで表示すると便利です。下の写真は、食材で表示する例です。

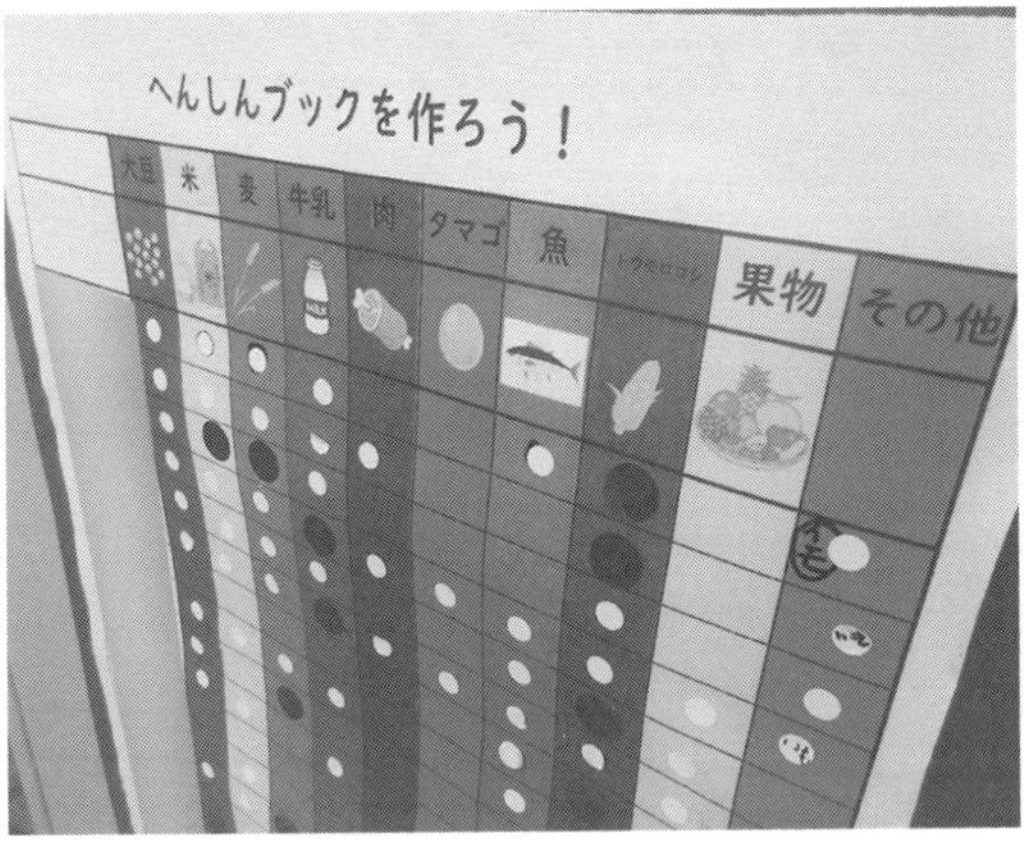

題名ではなく食材名を表示したマトリックス

■単元の指導計画（12時間扱い）

時	学習活動（○）	指導上の留意点（・）
1	○教師の演示やモデル文例を見て、食べ物の秘密を家の人に報告する見通しをもつ。 ○学習計画を立てる。	・栄養教諭による食育指導と連携し、食べ物やその加工に関する本や図鑑を準備し、関心を高める。 ・教師が関心をもった食材を調べ、初めて分かったことを調査報告文に書き、「食べ物変身ブック」にまとめる過程を演示する。また、調査報告文の構成の特徴を、文例を基に確認する。
3・2	○興味をもった食材の加工等について、疑問に思ったことや知りたいことなどを中心に、本や図鑑等で調べる。	・教材文を読むことに先立ち、自分が調べて報告したい内容をもてるようにすることで、教科書もより目的を明確に意識して読めるようにする。
5・4	○「すがたをかえる大豆」を読み、更に調べてみたいことや、自分の調査	・第3時と第4時との間に数日間のインターバルを置き、すきま時間や家庭学習を活用して更に調べられるようにする。 ・目的を明確にして教材文を読むために、次の二点を意識して読むようにする。

時	学習活動	指導上の留意点
7・6・	報告文に生かしたい例示の表現の工夫などを見付ける。（本時6／12）	□「ナットウキン」や「コウジカビ」などは、言葉は書かれてはいるが、その意味は文中では省略されていることなどを例示し、大豆について調べる場合、もっと調べてみたい中心となる語や文を見付けられるようにする。このことで、自分の調べ学習で疑問を見付けて読めるようにする。 □筆者の例示の表現の工夫など、自分の文章に生かしたい中心となる語や文を見付けられるようにする。
8	○これまでに集めた情報を基に、調査報告文の組立てを考える。	・「書くこと」の既習単元を想起し、「はじめ（調査の目的と方法）」―「中（調べたこと、そこから分かったことや驚いたこと）」―「終わり（考えたことやお家の人に伝えたい思い）」といった構成となることを確認する。
10・9	○調査報告文を書く。	・類似のテーマの子供同士が交流しやすいように座席を配置する。 ・ペアやグループで何度も口頭で報告内容を説明し合い、内容が確かなものになったら一気に書き出す。
11	○表紙をつけてブックを完成させる。	・表紙をつけて完成させた後、各家庭で家の人に報告してみる。その実感を伝え合ってまとめとする。
12	○学習のまとめをする。	

■本時の指導（本時6／12）

①本時の指導目標

自分の文章に生かしたい表現の工夫を見付けるという目的を意識して、筆者の例示の工夫など、中心となる語や文を見付けることができる。（C(1)ウ）

②本時の指導計画

分	学習活動	指導上の留意点（・）と評価規準（◇）
0	1 学習の目当てを確かめる。	・単元の学習計画表を基に、本時の目当てを確認できるようにする。
	自分の「食べ物変身ブック」に生かしたい、筆者の書き方の工夫を見付けよう。	
20	2 これまでに集めてきた情報を見返して、どんな書き表し方の工夫を探したいか見当をつける。	・「食べ物変身ブック」のモデル文例や、自分が集めている、食べ物やその加工に関する情報を見返して、探したい書き表し方の工夫をはっきりさせる。 【例】 □「こんな加工の仕方もあるんだ」と驚いた情報がいくつかあ

8	3　グループでの交流を通して、どの叙述や表現の工夫を生かしたいかを明らかにする。	るけれど、どの順で書けばいいのかな。 □加工の仕方の事例のそれぞれの段落の冒頭は、どう書き出せばいいのかな。 □この食べ物についてぜひ知ってほしいという思いを伝えるには、文章のどの言葉を選んでどう書き表せばいいかな。 ・同一もしくは類似の食材を選んでいる子供同士で、三～四人程度のグループを作っておく。 ・グループでの協議は、一人ずつどんな情報が欲しいのかを出し、皆で協力して探していくことを中心とする。一人が欲しい情報(筆者の書き表し方の工夫点)がはっきりしたら、次のメンバーが欲しい情報を探す活動へと移行していく。 ・グループ協議を通して、筆者の工夫が見付からなかった場合、「〇〇〇の書き表し方のヒントが見付けられていないのですが、見付けられたグループはありませんか」などと全体で協議する。 ・「自分は、……を書き表したいので、筆者の……という工夫をまねしたい」などとまとめられるようにする。 ◇自分の文章に生かしたい表現の工夫を見付けるという目的を意識して、筆者の例示の工夫など、中心となる語や文を見付けている。(C⑴ウ)
35	4　自分の文章に生かしたい筆者の工夫が見つからなかった場合、全体に投げかける。	
40	5　自分の文章に生かしたい筆者の工夫をまとめる。	
45		

■個別最適な学びを実現する指導のポイント

図鑑等で調べる学習での大きなポイントは、疑問を見付ける力を発揮することです。またその疑問に関する情報は、一冊の本や図鑑で必ず見付かるわけではありません。同じテーマ（食材等）を取り上げた別の本や図鑑を調べることも重要になります。

■協働的な学びを実現する指導のポイント

調べて分かった驚きや喜びが色あせないうちに、友達に伝えられるようにすることがポイントです。類似の食材を選んでいる子供同士でグループを作るなど、交流を促す座席配置も工夫してみましょう。

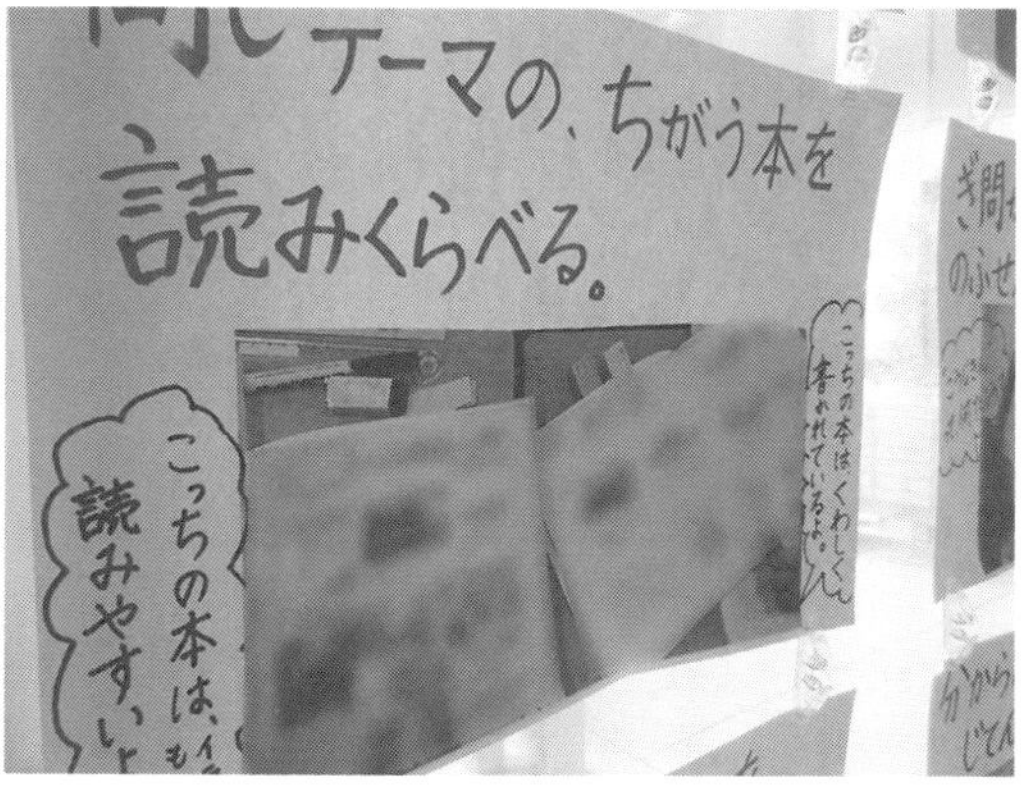

複数の図鑑を用いて調べる学習を促進する掲示

第4節　4年「未来につなぐ工芸品」「工芸品のみりょくを伝えよう」

■事例の概要

1　単元名　工芸品の魅力をリーフレットで伝えよう

2　単元で指導する主な指導事項

○〔知識及び技能〕(2)イ　比較や分類の仕方、必要な語句などの書き留め方、引用の仕方や出典の示し方、辞書や事典の使い方を理解し使うこと。

○〔思考力、判断力、表現力等〕「B　書くこと」(1)ア　相手や目的を意識して、経験したことや想像したことなどから書くことを選び、集めた材料を比較したり分類したりして、伝えたいことを明確にすること。

「C　読むこと」(1)ウ　目的を意識して、中心となる語や文を見付けて要約すること。

3 言語活動とその特徴

第三学年（一二八頁）で例示したものと同様、複合単元の事例です。子供たちが工芸品等に触れる機会があり、その魅力や価値を実感できていれば、ねらいをよりよく実現できます。例えば社会科や総合的な学習の時間等との連携を生かし、工芸品等を実際に見たり、使ったり、作ったりする体験をもつことで、その魅力をもっと調べて伝えたいという目的を強く意識した深い学びが実現できます。

「未来につなぐ工芸品」の筆者は、工芸品への思いを熱く語っています。このような筆者の思いと同様に、子供たちの意識の実態を踏まえ、例えば「自分たちの地域の○○の魅力を解説しよう」などと、強く思いをもって熱く語れる対象を選んで調べたり表現したりできるよう、工芸品に限定せず、より広いテーマ設定にすることも考えられます。

「書くこと」のねらいを実現するために文章に書く際には、解説文にする場合と調査報告文にする場合とが考えられます。子供たちが身近に接していて熟知している対象であれば、解説文がふさわしいでしょう。一方、初めて触れて興味をもち、文献や資料等で調べた対象であれば、調査報告文にすることがお勧めです。

■ロングレンジを取り入れた単元構想のポイント

本事例でねらう指導事項には、「書くこと」と「読むこと」両方に共通して「目的を意識して」という文言が位置付いています。そのため子供たちが自律的に判断して学び進める上でも、調べたり表現したりする対象について、強い思い入れをもち、「ぜひとも調べたい」「ぜひとも書いて伝えたい」といった目的を強く意識できることが「ロングレンジ」の学習を通した深い学びのカギになります。

このことは、「読むこと」でねらう要約にも言えることです。筆者にとっては文章の全てが、熱い思いをもって伝えたい「中心となる語や文」です。事例一つとっても、吟味を重ねて選んで書くものです。機械的に要約してしまうと、むしろ筆者の思いの伝わらない味気ないものになりがちです。要約の仕方を知識として覚えれば目的に応じて要約できるわけではなく、やはり自分にとっての「目的を意識して」要約することがとても大切なものになります。そのため、子供一人一人が、自分自身が向き合う対象を選んだり、決めたりする過程を大切にしていくことが成功の秘訣です。

■単元の指導計画（12時間扱い）

時	学習活動（○）	指導上の留意点（・）
1	○他教科等での学びを振り返り、自分が魅力を感じている工芸品等を紹介し合う。	・社会科・総合的な学習の時間と連携し、工芸品等に触れたり、調べたりする機会を確保する。 ・「製作過程で超絶的な技法が用いられている」などといった情報に触れ、「もっと調べたい」「伝えたい」といった思いを醸成できるようにしておく。
2	○リーフレットのテーマや書く材料を決め、学習計画を立てる。	・「書くこと」で既習の表現形式であるリーフレットを取り上げるとともに、様々なリーフレットの実物を比較し、「調査報告文」と「解説文」それぞれの特徴を見付けられるようにする。
5・4・3	○教材文「未来につなぐ工芸品」を読み、「リーフレットの冒頭で説明する『工芸品とは』の記事を書くために」という要約の目的を設定して、要約の記事を書く。	・リーフレットに要約した記事を書くという目的を十分意識できるようにする。また、お互いの書いた要約記事を読み比べ、強く関心をもったところが違えば、それに応じて中心となる語や文も異なることから、どこを強調して要約するかも異なってくる点を確認する。

時		
6	○書く材料を比較したり分類したりして、伝えたいことを明確にし、リーフレットの仮の割り付けを決める。	・第11時でリーフレットを完成させることを見通し、第6～11時の各自のおよその学習の進め方を考える。
7	○他教科等の学習で集めてきた材料を見直し、必要に応じて資料を調べて追加取材する。	・一律一斉に各時間の学習内容を揃えて進めるのではなく、既に材料が揃っている場合は資料の要約に時間をかける、一度タブレット端末で資料を基に一つの記事を書いてみて、感触をつかんでから他の記事を書き進めるなど、一人一人の状況に応じて学習の進め方を判断できるようにする。
8	○リーフレットそれぞれの記事に、工芸品等のどのような魅力を書き表したいのかをはっきりさせて、資料を読んで要約する。（本時8／12）	・どの時間も、「相談したい」「意見をもらいたい」など子供一人一人の必要性を意識して交流できるようにする。
10・9	○リーフレットのそれぞれの記事を、解説文、調査報告文などの文章の特徴を踏まえて書く。	・自分の選んでいる工芸品等が、身近で触れたり使ったりしているものであれば解説文、初めて出合って主に資料で調べているものであれば調査報告文で書くことに留意する。
11	○リーフレットを完成させる。	・類似のテーマの子供同士が交流しやすいように座席を配置する。
12	○複数のブースに分かれて魅力を紹介し合い学習のまとめをする。	・魅力を紹介し合い、友達から意見や感想をもらい、学習を振り返ることができるようにする。

■本時の指導（本時8／12）

①本時の指導目標

リーフレットに書きたい工芸品等の魅力を説明する上で中心となる語や文を見付けて要約することができる。（C(1)ウ）

②本時の指導計画

分	学習活動	指導上の留意点（・）と評価規準（◇）
0	1　各自の学習の目当てを確かめる。	・前時末に立てた目当てを確認し、第11時を見据えて学習内容を確定する。
	リーフレットの完成に向けて「　　　」に取り組もう。	
20	2　各自の学習計画に基づき、学習を進める。 【想定される学習内容例】 □興味をもった工芸品等の特徴や歴史、製作過程などを資料から調べ	・「　」内には各自の目当てを入れる。 ・本時の学習内容を各自が判断するに当たっては、次の点を考えるよう促す。 □自分が記事に書きたい工芸品等の、強く感じる魅力は何か。 □そのためには、資料からどんな情報を見付けて追加して書く

45 43

る。

□自分が使って実感している工芸品等の魅力を解説するための事例を資料から探す。

□見付けた情報を、目的に合わせてカードに要約し、必要な情報が伝わる要約になっているか意見をもらう。

□前時までにおよそもった自分の要約内容について、資料を基に交流してはっきりさせ、次時はすぐに記事を書きまとめられるところまで進める。　など

3　本時を振り返り、次時の学習の目当てを決める。

必要があるか。

□その情報はどの資料のどこに書かれているか。

□その文章の特にどの言葉を取り上げてリーフレットに要約して書くか。

・教師作成のリーフレットのモデルや、自分自身のリーフレットのレイアウト図などは常に手元で参照できるようにし、最終的に誌面全体のどこにどれぐらいに要約して情報として載せるのかを見通せるようにする。

・どのような学習内容であっても、目的を意識して選んだ資料を用い、読み返しながら進めることを確認し、対話だけ、ワークシートに書きまとめるだけの学習にならないように留意させる。

・どの時間も、一人学びと交流の両方を組み合わせて学ぶようにし、バランスよく学習活動を進められるよう留意させる。

・机間指導で学習状況を把握する。中心となる語や文をうまく見付けられない子供にはペア交流の一員として、「一番強く感じている魅力は何?」と尋ねてみる。要約がうまくできない子供には、交流相手に、資料の文章を用いて何度も口頭で要約して説明するよう促す。

◇リーフレットに書きたい工芸品等の魅力を説明する上で中心となる語や文を見付けて要約している。（C⑴ウ）

■個別最適な学びを実現する指導のポイント

調べたり表現したりするテーマを広げると、子供たち一人一人の判断が高まりやすいというメリットがあります。魅力を感じる点やその理由などをはっきりともつことができるからです。

■協働的な学びを実現する指導のポイント

反面、調べる対象がバラエティーに富むと、孤立した学びになることも想定されます。交流に当たっては、たとえ調べている対象が異なっても、「自分が伝えたい魅力は何か」「なぜその言葉を中心となる語や文として選んだのか」を意識して交流できるようにすることがポイントです。

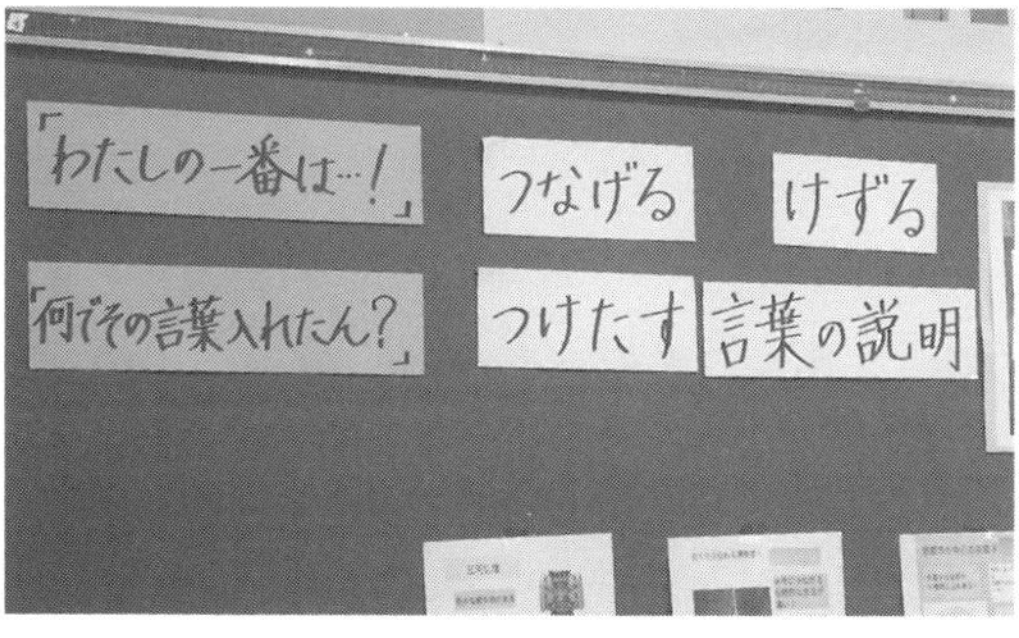

目的を意識した要約を促す掲示の工夫

第5節　5年「やなせたかし――アンパンマンの勇気」

■事例の概要

1　単元名　伝記を読んで憧れの偉人の魅力を解説しよう

2　単元で指導する主な指導事項

○〔知識及び技能〕(3)オ　日常的に読書に親しみ、読書が、自分の考えを広げることに役立つことに気付くこと。

○〔思考力、判断力、表現力等〕「C　読むこと」(1)オ　文章を読んで理解したことに基づいて、自分の考えをまとめること。

3　言語活動とその特徴

伝記を読んで見付けた憧れの偉人の魅力を、解説シートにまとめて解説する言語活動を位置付けます。普段伝記を読み慣れていない子供たちにとって、伝記を読む意味や価値は実感しにくいものです。しかしそうした子供たちでも、きっと将来の夢や憧れをもっていることでしょう。また同時に、今の自分に何らかの課題意識をもっている子供も少なくないでしょう。

本単元の学習に当たっては、そうした五年生の子供たちが抱く思いを生かし、下の写真のように「憧れに向かって、今の自分が抱えている課題」を明らかにし、「偉人と言われてきた人々はそうした課題をどう克服してきたのか」を、いろいろな人物の伝記を読んで見付ける活動を位置付けます。こうした手立てによって、高学年として確かに「自分の考えをまとめる」学習を実現することをねらった言語活動です。

自分の今の課題を言語化し，伝記を読む価値を実感する

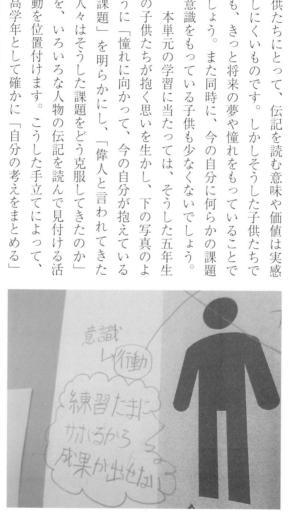

■ロングレンジを取り入れた単元構想のポイント

子供たちの自律的な判断を生かすロングレンジの学習活動は、教師の緻密な単元デザインを背景に実現していくものです。本事例では、憧れの偉人の伝記を読むことを通して、自分の夢や今の自分に対する意識と伝記の文章とを重ねて自分の考えをまとめていくこととなります。そのため丁寧な導入が授業の成否のカギを握ります。例えばキャリア教育等と連携し、そうした自分自身の思いを明らかにしていく機会をうまく生かすことが効果的です。更に、教師自身がかつて抱いていた思いや課題意識を基に、偉人の生き方に憧れて考えをまとめていくという、読者として伝記を読む姿を子供たちに提示してみましょう。

また、誰の生き方に憧れるかは、子供一人一人異なります。教師が指定した偉人の伝記を読み取らせるのではなく、子供自身が自分の心に強く響く人物の生き方や考え方、それを形づくった経験などと出合えるように、できるだけ多くの人物の伝記を手に取れるようにしておくことが大切になります。そのため、複数の人物の業績や略歴をコンパクトに記述した本も多く取りそろえるなど、選書の工夫がポイントとなります。

■単元の指導計画（8時間扱い）

時	学習活動（○）	指導上の留意点（・）
1	○教師が子供時代に憧れていたこと、その時に抱いていた課題意識などを紹介し、伝記を読んで出合った人物の生き方に学んだ読書体験を紹介する。 ○憧れの偉人の生き方から学んだことを解説するというゴールを設定し、学習計画を立てる。	・キャリア・パスポートを活用し、自分の将来の夢や今の課題を明らかにしておく。 ・複数の偉人の主な業績や略歴をコンパクトに紹介した冊子も含め、伝記コーナーを設置しておく。 ・第1時と第2時との間に一週間程度のインターバルを置き、家庭学習や朝読書などすきま時間を活用して伝記を読む時間を確保する。 ・心に響く伝記が見付からない子供には、その子供の夢や課題を、対話を通して聞き取り、何冊か紹介したり、後書きなどを一緒に読んだりして支援する。
4・3・2	○教材文「やなせたかし――アンパンマンの勇気」を読み、心に響く言動や考え方を見付けたり、その理由を	・憧れるところやその理由を見付ける際は、「たかしはなぜ……したのだろう」など、一人一人が見付けた気になる言動や引っ掛かりを感じることを、交流を通して解き明かし、各自が憧れ

時	学習活動	留意点
6・5	自分の憧れや課題意識などと結び付けて明らかにしたりする。 ○今自分が抱いている憧れや課題意識を再確認し、選んだ偉人の生き方から学べそうなことを確かめて、魅力解説の対象となる伝記を確定する。 （本時6／8）	る理由を明確にしていく。 ・教材文を読む時間（第2・3・4時）も、「自分が読んでいる伝記ではどう書かれているか」を意識し、自分の課題の克服につながりそうな人物の生き方や考え方が書かれている伝記を見付けられるようにしておく。
7	○交流を通して憧れる言動や考え方、その理由を明らかにし、解説シートにまとめる。	・交流は、できるだけ同じ分野の偉人を選んでいる三人程度の固定グループとする。また、他の二人が選んでいる伝記を読む時間を、朝学習等を活用して確保しておく。 ・「魅力の理由を明らかにするために」等の目的を自覚し、自分の夢や課題と結び付けながら、伝記に描かれた人物の言動や生き方・考え方を、叙述を基に明らかにしていく。
8	○魅力解説シートと伝記を基に、憧れの偉人の魅力を解説し合う交流会を行う。	・学習を振り返ってまとめた考えを、キャリア・パスポートに書き留めておく。交流会の様子は録画し、次年度卒業DVDに収められるようにする。

■本時の指導（本時6／8）

①本時の指導目標

伝記を読んで理解したことに基づいて、自分の夢や課題意識と結び付けて人物の魅力についての考えをまとめることができる。（C(1)オ）

②本時の指導計画

分	学習活動	指導上の留意点（・）と評価規準（◇）
0	1　各自の学習の目当てを確かめる。	・前時の振り返りと本時の目当てを確認し、本時に取り組むことを確認する。
	憧れの偉人の魅力を解説するために、解説シート完成に向けて見通しを立て、自分の課題に取り組もう。	
2	2　各自の学習計画に基づき、学習を進める。 【想定される学習内容例】 □魅力だと考える偉人の業績は伝記	・解説シートの完成イメージをもつことに加え、第8時に行う交流会のモデル動画を再視聴するなどして自分のゴールに向けて必要な準備を明らかにし、本時の学習の内容・方法とその時間配分を考えられるようにする。その際、以下の点を確認ポイン

45　43

の記述から見付けたが、本当に魅力を感じる理由になっているのか不安なので、交流して意見をもらう。

□魅力やその理由ははっきりしたが、夢に向かうための自分の課題を克服する手掛かりになっていることをはっきり説明できるようにする。

□一通り下書きした解説シートと伝記を用いて解説して友達に意見をもらい、解説シートの改良に反映させる。　など

3　本時を振り返り、次時の学習の目当てを決める。

トとして子供と共有する。

□魅力だと考える点とその理由がずれていないか、伝記の文章をよく読み返して確かめる。

□魅力やその理由が一般的なものに留まらず、今自分が感じている課題を克服するヒントになっているなど、自分自身との関わりがはっきりしたものとなっているか確かめる。

・右のポイントを確認しながら学習を進めていけるよう、机上に「夢実現シート」（キャリア・パスポートの内容のうち、自分の夢と現状の課題、そのために努力したいことなどを記載したシート）を置き、一人で伝記を読む際にも、交流の際にも常に確認できるようにする。

・どのような学習計画であっても、伝記を読んだり読み合ったりすることを中心にすることを確認し、交流だけ、書くだけの学習にならないようにする。また、選んでいる伝記は一人ずつ異なるため、朝読書等の時間を活用し、グループの他の友達が選んでいる伝記を読んでおくようにすることで交流の質を高める。

◇伝記を読んで理解したことに基づいて、自分の夢や課題意識と結び付けて人物の魅力についての考えを解説シートにまとめたり、それらを用いて解説したりしている。（C⑴オ）

■個別最適な学びを実現する指導のポイント

中学年の「読むこと」のオが「考えをもつこと」であるのに対し、高学年のオは「考えをまとめること」です。つまり、ある文章を読んで「考えをもつ」ことに留まらず、何らかの情報と当該の文章とを重ねて読んで「考えをまとめる」ことが大切です。その際、前述のように自分の思いや課題意識と重ねる場合もあれば、複数の伝記の記述を重ねて考える場合もあります。何を重ねて読むかを子供が判断できるようにしてみましょう。

■協働的な学びを実現する指導のポイント

一人一人が自分の心に響く伝記を見いだして読むことが大切です。その際、交流がしにくいというデメリットが生じます。しかし教師が数冊を指定してしまうのでは効果は限定的になります。これを解消する上で、学習は三人程度の固定グループとし、お互いが手に取っている伝記は残りの二人も読んでおくようにするといった手立てが有効です。

読むこと〈説明文〉

第6節　6年「時計の時間と心の時間」

■事例の概要

1　単元名　悩み解決フリップで自分の悩みを解決しよう

2　単元で指導する主な指導事項

○〔知識及び技能〕(2)イ　情報と情報との関係付けの仕方、図などによる語句と語句との関係の表し方を理解し使うこと。

○〔思考力、判断力、表現力等〕「C　読むこと」

(1)ア　事実と感想、意見などとの関係を叙述を基に押さえ、文章全体の構成を捉えて要旨を把握すること。

(1)ウ　目的に応じて、文章と図表などを結び付けるなどして必要な情報を見付けたり、論の進め方について考えたりすること。

3 言語活動とその特徴

本事例では、「C 読むこと」(1)ア(構造と内容の把握)、ウ(精査・解釈)を指導するため、言語活動として、下の写真のような二枚物のフリップに必要な情報をまとめて発信する言語活動を位置付けます。

要旨や見付けた情報を端的に発信するため「フリップ」という形式を採用しています。

写真の上から一枚目のフリップには、見付けた資料の「要旨」を、二枚目には、自分の悩みを解決するという目的に応じて、本や資料から見付けた情報を書き出します。

このことで、指導のねらいである「読むこと」のア、ウの二つの資質・能力を確実に育成します。

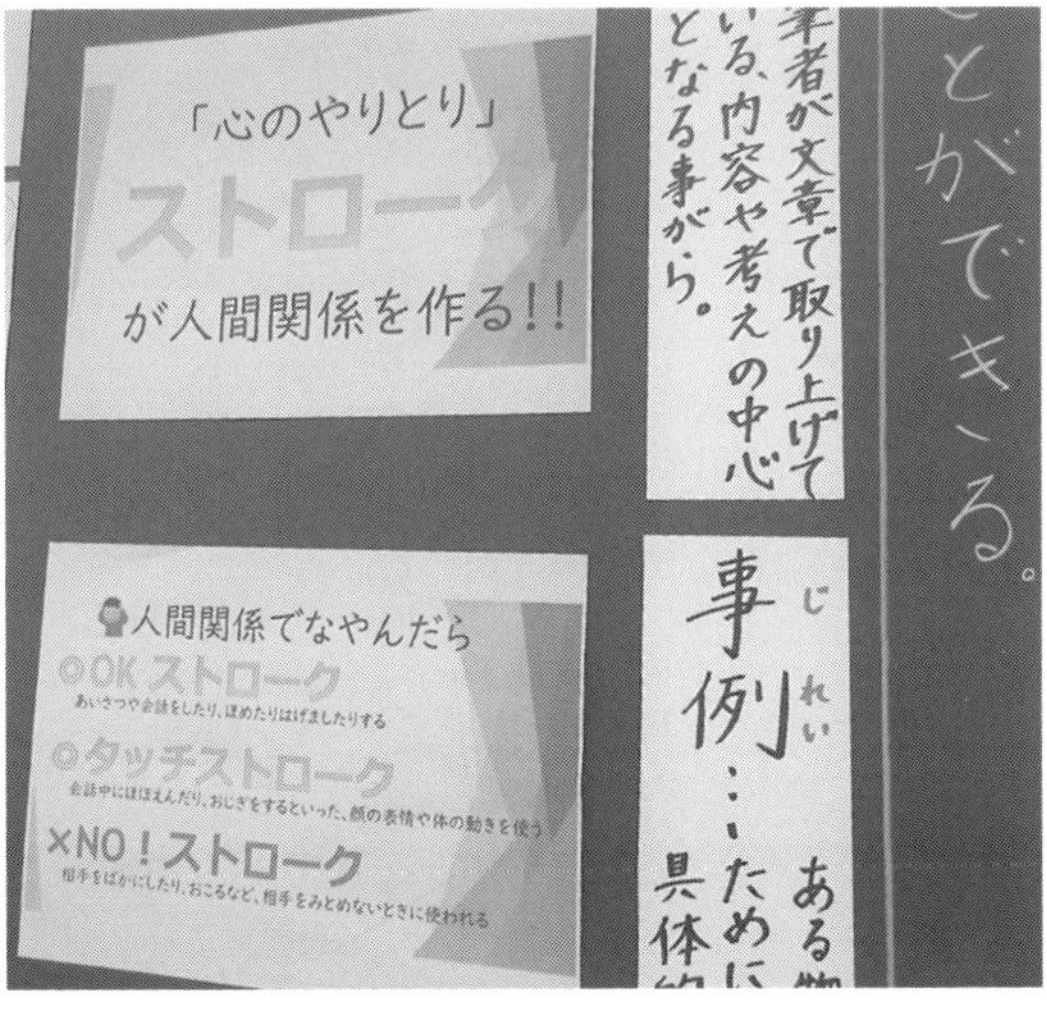

ねらいにぴったり合った言語活動の教師モデル

■ロングレンジを取り入れた単元構想のポイント

本事例は、学級の子供たちの意識の実態をつぶさに把握し、子供一人一人の課題意識に応じた単元となるよう担任の教師が工夫したものです。六年生になった子供たちは、友達関係や家族関係、自分自身の体の成長など、気になったり悩んだりすることも多く出てきます。教材文「時計の時間と心の時間」は、心の働きを取り上げた興味深い解説文ですが、子供一人一人の悩みや課題の意識を生かすためにさらにテーマを広げ、自分自身の悩みを解決してくれる資料を探して二枚物のフリップにまとめていくこととします。

単元では、まず「時計の時間と心の時間」について、要旨を捉えて一枚目のフリップに書き出します。続いて、強く興味を引かれる事例を見付けて二枚目のフリップに書き出します。この学習体験をすぐに生かし、今度は自分の悩みに関する資料を本から探し、同じように要旨を把握し、悩みを解決する事例を見付けるという目的に応じた情報を見出してフリップにまとめていきます。このような指導の工夫により、単に与えられた説明文の要旨を読み取る学習を超えて、自分自身の問題解決にもつながる国語科の学びが生まれます。

■単元の指導計画（5時間扱い）

<table>
<tr><th>時</th><th>学習活動（○）</th><th>指導上の留意点（・）</th></tr>
<tr><td>1</td><td>○悩みを解決できそうな本を探して読み、要旨を把握して解決策を見いだし、二枚物のフリップにまとめていく過程を、教師の演示などで見通す。</td><td rowspan="2">・子供向けの心理学書などを揃え、本の情報が悩みの解決の糸口になった教師の体験などを伝えていく。
・自分の悩みに目を向け、課題意識をもてるようにしておく。また、揃えた関連図書資料を読み、自分の悩みに合う情報を探すよう促していく。
・およそ解決を図りたい悩みがはっきりしたら、並行読書マトリックスを掲示する。
・前学年までの説明文の学習を想起し、筆者の主張を端的に把握するには、教材文なら文章の最後もしくは冒頭に着目し、資料等ならば見出しやリードに着目したことを確かめる。
・段落ごとに時間をかけて読むのではなく、筆者の主張が端的に述べられている段落を、全文掲示を活用して確認した上で、口頭で要旨を伝え合い、フリップにまとめる。</td></tr>
<tr><td>2</td><td>○「時計の時間と心の時間」を読み、およその要旨を把握し、一枚目のフリップに書きまとめる。</td></tr>
</table>

3	○「なるほど、自分の時間の使い方にも役立つな」と実感した情報を選び、二枚目のフリップに書きまとめる。	・フリップが、悩み解決のためのものであるという目的をはっきりともち、その目的に応じた情報を見付けられるようにする。一枚目のフリップは、およそ皆が同じ要旨を捉えるが、二枚目は読み手個々の目的に応じて必要な情報が異なるため、内容がそれぞれ違ってくることを確かめる。
4	○自分の悩み解決にぴったり合った資料を選び、要旨をフリップの一枚目にまとめる。	・教材文とは異なり、要旨は見出しやリードを手掛かりに把握することを再確認する。 ・最終的に自分の悩み解決の糸口になる資料を決める過程で様々な資料に当たり、内容を大づかみに把握して自分にとって必要な情報かどうかを判断するなど、要旨を端的に把握することを繰り返した後、選んだ資料の要旨を書きまとめる。
5	○自分の悩みを解決する糸口となる情報を見付け、フリップの二枚目に書きまとめ、学習を振り返る。(本時5/5)	・前時のうちに見当をつけておき、本時は並行読書マトリックスを活用して、交流を繰り返しながら、必要な情報を明確にしていく。 ・完成したフリップは、データ化してお互いに参照できるようにする。

■本時の指導（本時5／5）

①本時の指導目標

悩みを解決する糸口となる情報を見いだすという目的に応じて、文章と図表などを結び付けるなどして必要な情報を見付け、フリップを完成することができる。（C(1)ウ）

②本時の指導計画

分	学習活動	指導上の留意点（・）と評価規準（◇）
0	1 各自が取り組む内容を確かめる。	・本時でフリップを完成させるために必要な事柄を確認する。
	悩み解決につながる情報を見付けて、二枚目のフリップを完成させよう。	
2	2 フリップ完成に向けて、各自必要な内容に取り組む。 【想定される学習内容例】 □解決策をもっと見付けるために、類似のテーマで調べている友達と交流し、資料を紹介してもらう。	・前時に集約した振り返りの記述（「次時に取り組むべき内容は何か」）を基に、本時の互いの取り組み内容をタブレット端末で参照し、自分の内容を確定する。 ・適切な資料が見付かっていないなど、特に支援が必要と予測される子供に対しては、目的となる「解決したい悩みは何か」を常に意識して資料に当たるよう助言する。

40	□資料を読み返しながら、複数見付けている解決策について、友達の意見を聞きながら順位付けしてみる。 □異なるテーマで調べている友達にも伝わるかどうか意見を求めた上で、改善すべきところがあれば資料をよく読み返し、より伝わる内容に高める。	・本時の中心的なねらいである、「目的に応じて、」「必要な情報を見付け」ることに迫るため、どのような取り組み内容を設定していても、「調べる目的は何か、（二枚目のフリップに何をどのように書きたいのか）」「そのためにどの資料を調べるのか」を常に意識するようにする（フリップを作る、たくさん交流するといったことだけが目的とならないようにする）。 ・並行読書マトリックスを活用する際、調べている課題を手掛かりに交流相手を判断することで必要な情報を得やすくするといった活用の趣旨を再確認する。 ・調べる時間、交流する時間、書きまとめる時間の配分については、子供一人一人が各自の学習進度を見通して判断できるようにする。 ◇悩みを解決する糸口となる情報を見いだすという目的に応じて、文章と図表などを結び付けるなどして必要な情報を見付け、フリップを完成させている。（C⑴ウ） ・教師は、右の評価規準（◇）を踏まえて、机間指導を繰り返す。児童の状況に応じて、資料を読み返したり、別の資料に当たったりするよう促す。
	3　学習を振り返る。	
45		

■個別最適な学びを実現する指導のポイント

子供たちが直面する悩みは様々です。いつも都合よくその悩みを解決する資料に出合えるわけではありません。そうした場合、先行して思春期の悩みを取り上げた本や資料を揃え、その資料を様々に読むなかで、自分の悩みも徐々に明確になり、更に読み進めてその解決の糸口を与えてくれる情報を見付けていくという手順にすることが効果的です。

■協働的な学びを実現する指導のポイント

本事例のようなナイーブなテーマの場合、交流相手はつい仲良しの友達に偏ってしまいがちです。そうした時にこそ並行読書マトリックスを活用しましょう。仲良しだからという理由で交流相手を選ぶのではなく、悩んで調べているテーマを手掛かりに交流相手を判断できるように促してみましょう。その際、マトリックスの片方の軸は本の題名ではなく、調べている悩みなどが書かれた章などのレベルにして作成すると効果的です。

第1節　1年「くじらぐも」

■事例の概要

1　単元名　大好きなお話のお気に入りの場面を「マイ吹き出し」で紹介しよう

2　単元で指導する主な指導事項

○〔知識及び技能〕(3)エ　読書に親しみ、いろいろな本があることを知ること。

○〔思考力、判断力、表現力等〕「C　読むこと」(1)エ　場面の様子に着目して、登場人物の行動を具体的に想像すること。

3　言語活動とその特徴

自分で選んだ「大好きなお話のお気に入りの場面をマイ吹き出しで紹介する」という言語活動を位置付けます。「マイ吹き出し」は、白抜きの吹き出し型のカード（次頁の写真参照）で、お気に入りの場面の挿絵の登場人物に当てて会話を想像する際に用います。一人一人が手持ちにして、すきま時間の読書などでも活用できることから「マイ吹き出し」と名付けています。一年生はこうしたちょっとした手立てで、物語の世界に入りやすくなり、登場人物になりきって会話を想像できるようになります。

お気に入りの場面を見付けることは、単に面白おかしい活動をすることではなく、子供がより自覚的に「場面の様子に着目して」読むことにつながる活動です。また、「マイ吹き出し」を用いて会話を繰り返し想像することで「登場人物の行動」（ここでは会話行動）を具体的に想像することを確実に実現することができます。

なお、文章から離れて挿絵のみで空想を広げてしまわないように、お気に入りの場面を、声に出して読む活動を確実に位置付けることが成功のコツです。

「マイ吹き出し」で会話を想像する

■ロングレンジを取り入れた単元構想のポイント

一年生の特徴は、繰り返しの学習を好む子供が多いことです。一見単純な繰り返しのようですが、一年生にとっては、試行錯誤することを通してこそ深い学びが得られます。教師側から一方的に深める発問をすれば一人一人の学びが深まるわけではありません。

こうした実態を生かし、単位時間内に何度も繰り返して学び、確実に目指す資質・能力を位置付けられるよう、ペア交流の時間を十分に確保します。ペア交流の内容としては、大好きな場面を声に出して読み上げ、登場人物の挿絵に吹き出しを当てて、想像した会話を紹介し合うといったことが考えられます。

最初はうまく想像できない子供がいても心配はありません。相手を替えながら何度も読み返し、想像していくことを繰り返して、徐々に想像した会話の言葉がより確かなものになっていきます。

その際、交流が機械的作業にならないよう、並行読書マトリックス（一七〇、二〇二頁参照）やペア交流のモデル動画などの手立てを併用すると効果は倍増します。

■単元の指導計画（8時間扱い）

時	学習活動（○）	指導上の留意点（・）
1	○教師のお薦めの物語の紹介を聞き、「マイ吹き出しで大好きなお話のお気に入りの場面を紹介する」という課題をもつ。 ○学習計画を立てる。	・単元の導入前から、絵本の読み聞かせをしたり、紹介をしたりする。 ・「マイ吹き出し」は入学当初から手持ちにし、絵本を読む際に日常的に使うようにしておく。 ・十分に先行読書期間を取り、導入までにおよそ大好きな物語を選べるようにしておく。 ・好きな物語を紹介した既習単元の学習の計画を想起し、学習の見通しをもたせる。
2	○「くじらぐも」について、物語のお気に入りのところを探しながら、内容の大体を読む。	・挿絵を手掛かりに、「誰が、どうして、どうなったか」など、内容の大体が分かる場面の挿絵に吹き出しを当てながら、およその内容を把握できるようにする。
3	○選んで読んでいる物語の、内容の大体を確かめて、ペアで紹介してみる。	・並行読書マトリックス（一年生が使いやすい形式のもの）を掲示する。

時	学習活動	指導上の留意点
4	○「くじらぐも」のお気に入りのところを選ぶ。	・前時同様吹き出しを当てて読む。 ・モデル動画や並行読書マトリックスを使い、ペア交流を繰り返す。 ・吹き出しを当てながら繰り返し読み、お気に入りのところを選ぶ。 ・全文掲示の好きなところに、名前を書いたシールを貼り、これを手掛かりに相手を選んで交流を繰り返し、物語全体からお気に入りのところを選べるようにする。
5	○選んだ物語のお気に入りのところを選ぶ。	・並行読書マトリックスを活用して相手を見付けてペア交流を繰り返し、好きなところを自覚的に捉えられるようにする。
6	○「くじらぐも」について、好きなところのわけをはっきりさせる。	・登場人物のしたことや言ったことを、吹き出しを使って想像し、「……って言っていて楽しそうだなと思うから好き」などと好きなわけを考えられるようにする。
7	○選んだ物語について、好きなところのわけをはっきりさせる。（本時7／8）	・前時の学習を手掛かりに、登場人物のしたことや言ったことを基に、好きなわけを考えられるようにする。
8	○選んだ物語のお気に入りの場面を紹介し合う。	・縁日方式のブースを作り、何度か発表できるようにする。 ・互いの紹介した物語を読む。

■本時の指導（本時7／8）

①本時の指導目標

お気に入りの場面の様子に着目して、登場人物の行動や会話を具体的に想像し、好きなわけをはっきりさせることができる。（C(1)エ）

②本時の指導計画

分	学習活動	指導上の留意点（・）と評価規準（◇）
0	1　学習の目当てを確かめる。	・吹き出しを当てて紹介するモデルを参照し、単元の学習計画表を基に、本時の目当てを確認できるようにする。
	選んだお話のお気に入りのわけを、吹き出しを使って交流してはっきりさせよう。	
2	2　本時の学習の進め方を確かめる。	・前時までの進め方と同様であることを確認し、交流のモデル動画で、今日の交流のポイントをつかめるようにする。 ☆好きなところを一緒に指さして読む。 ☆想像した会話を尋ね合う。 ☆聞き手も想像した会話を話す。

5　10　35　45

3　一人で好きなわけを確かめる。

4　相手を選んで交流を繰り返し、好きなわけをはっきりさせていく。

5　学習のまとめをする。

・選んでいるお気に入りの場面を中心に吹き出しを当てて会話や場面の様子を、声に出して何度も言ってみる。
・前時の「くじらぐも」での同様の学習を手掛かりに、登場人物の言動を基に、好きなわけを考えられるようにする。
【例】……と言っていて優しいと思ったよ。

【例】……しているのが楽しそうで、私もしてみたいなと思ったよ。たぶん……って言っていると思う。
・時間の区切りは設けず、もう交流したいと思ったら交流に移る。
・「同じ話を読んでいる友達と交流したい」「違う話を選んでいる友達にも聞いてもらいたい」等の目的をもってマトリックスを活用し、ペア交流を繰り返す。
・ペアを組んだら空いている席に横並びに座り、真ん中に本を置いて好きな場面を開き、叙述を二人で指さして声に出して読んでからその場面の挿絵に吹き出しを当ててやり取りする。終わったら再びマトリックスで相手を見付ける。
◇お気に入りの場面の様子に着目して、登場人物の行動や会話を具体的に想像し、好きなわけをはっきりさせている。(C⑴エ)
・もう大丈夫と思ったら自席に戻り、もう一度吹き出しを使って話してから、吹き出しカードに想像した会話を書き出す。

■個別最適な学びを実現する指導のポイント

大好きな物語を吹き出しで紹介するというゴールを明確にします。このことで、たとえ一年生でも、どの作品のどこが好きかといった判断をもって学べるようになります。その点で吹き出しを当てて紹介する言語活動は、教師が指示する箇所で教師の指示に基づいて行う「動作化」の活動とは大きく異なります。そのためにも、読書する習慣のない子供もいることを念頭に、読み聞かせ等、本と向き合える手立てを丁寧にとることがコツです。

■協働的な学びを実現する指導のポイント

一年生では、ペア交流する楽しさを実感できることが大切です。教師が指示した相手ではなく、あくまでも自分が交流したい相手を選べるようにすることが重要になります。そのためにも、判断の手掛かりとなる並行読書マトリックス等の手立てを講じるとともに、ペア交流のモデル動画等で視覚的にもどのように交流するのかを明確に提示しましょう。

第2節　2年「スーホの白い馬」

■事例の概要

1　単元名　とってもおきのお話を「ジーンカード」で紹介しよう

2　単元で指導する主な指導事項

○〔知識及び技能〕(3)エ　読書に親しみ、いろいろな本があることを知ること。

○〔思考力、判断力、表現力等〕「C　読むこと」

(1)エ　場面の様子に着目して、登場人物の行動を具体的に想像すること。

(1)オ　文章の内容と自分の体験とを結び付けて、感想をもつこと。

3　言語活動とその特徴

とっておきの物語の、心に残る場面を「ジーンカード」で紹介するという言語活動を位置付けます。読んだ物語の「ジーンとする」という実感をもてる場面に着目できることは読む能力の重要な基盤です。二年生では、そのわけをより自覚的に説明できるようにすることをねらいます。

そのため、下の例に挙げたカードは「ジーンとしたところ」と「ジーンとしたわけ」で構成されています。その際、主な指導のねらいである「登場人物の行動を具体的に想像すること」（C(1)エ）や「文章の内容と自分の体験とを結び付けて」（C(1)オ）読むことを通してわけをはっきりさせられるようにしましょう。写真の「ジーンとしたわけ」の文例は、「自分の体験とを結び付けて」理由を記載した例示になっています。

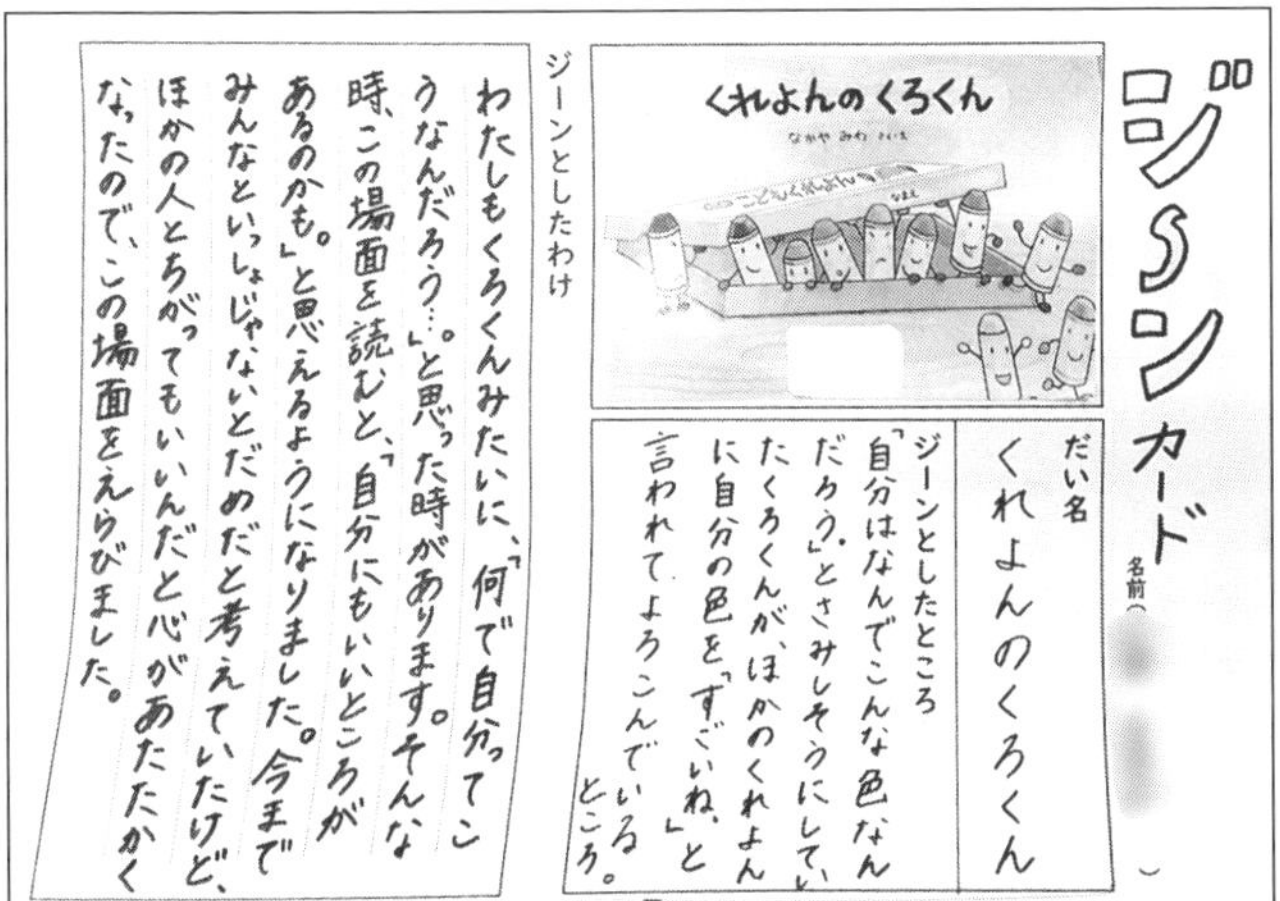

教師自作のモデル「ジーンカード」

■ロングレンジを取り入れた単元構想のポイント

本単元では、二年生の子供たちが「このお話のよさをぜひとも伝えたい」といった思いをもてるようにすることが最大のポイントです。「ジーンとする」といった思いを抱くこともなしに内容を読み取らせるだけでは深い学びにはつながりません。

心に強く響く物語を手にした子供たちは、友達のお薦めの物語にも関心をもちます。そうした意識を生かして交流を繰り返すことで「ジーンとするところ」や「そのわけ」がより明確になります。その際、誰がどの物語を読み、どのように評価したかが一覧できる、並行読書マトリックスを活用して、相手を判断して交流を繰り返せるようにしましょう。

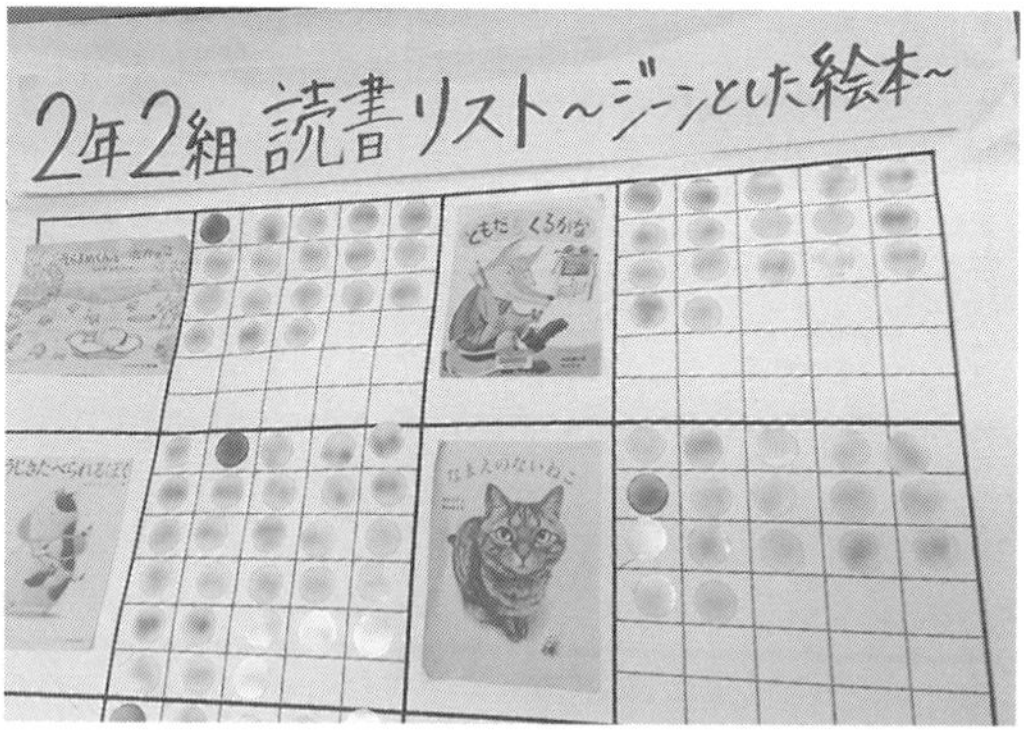

並行読書マトリックスを効果的に活用する

■単元の指導計画（8時間扱い）

時	学習活動（○）	指導上の留意点（・）
1	○教師自身がジーンとした物語の読み聞かせと紹介を聞き、「とっておきのお話を『ジーンカード』で紹介しよう」という課題をもつ。	・すきま時間を活用し、日常的に読む時間を確保し、「とっておきのお話」をもてるようにしておく。 ・紹介したい作品が決まったら、並行読書マトリックスを掲示する。 ・教師自作の「ジーンカード」を提示したり大好きな物語を紹介した既習単元の学習の計画を想起したりし、学習の見通しをもたせ、学習計画を教師と一緒に立てられるようにする。
2	○「スーホの白い馬」の、ジーンとするところを探しながら、内容の大体を読む。	・挿絵を手掛かりに、「誰が、どうして、どうなったか」など、内容の大体を捉える。
3	○選んだ物語の、内容の大体を確かめて、ペアで紹介してみる。	・モデル動画や並行読書マトリックスを使い、ペア交流を繰り返す。
4	○「スーホの白い馬」のジーンとする	・全文掲示のジーンとするところに、名前を書いたシールを貼り、

	ところを選び、交流を通してはっきりさせて、「ジーンとするところ」を書く。	これを手掛かりに相手を選んで交流を繰り返し、物語全体からジーンとするところを選べるようにする。
5	○選んだ物語でも同様に「ジーンカード」の「ジーンとするところ」をカードに書きまとめる。	・並行読書マトリックスを活用して相手を見付けてペア交流を繰り返し、ジーンとする場面をはっきりさせた後、カードに書き出す。
6	○「スーホの白い馬」で選んだ「ジーンとするところ」のわけを、交流を通してはっきりさせて、「ジーンとするわけ」として書きまとめる。（本時6／8）	・登場人物のしたことや言ったことを手掛かりにしたり、自分の体験と結び付けたりしてわけをはっきりさせている子供を取り上げて、他の子供も「……していて白馬が大好きなんだなと思ったからここが好き」「私もやっぱり……って言ってあげたいからここがジーンときた」などと好きなわけを明確にできるようにする。
7	○選んだ物語でも同様に「ジーンカード」の「わけ」の箇所を書きまとめる。	・前時の学習を手掛かりに、登場人物のしたことや言ったこと、自分の体験との結び付きなどを基に、ジーンとするわけを考えられるようにする。
8	○とっておきの物語のジーンとする場面やそのわけを紹介し合う。	・本そのものと「ジーンカード」を基に紹介し、その後質疑応答を行う。 ・縁日方式のブースを作り、何度か発表できるようにする。

■本時の指導（本時6／8）

①本時の指導目標

物語のジーンとする場面の様子に着目して、登場人物の言動を手掛かりにしたり、自分の体験と結び付けたりしてジーンとするわけを明確にすることができる。（C⑴エ、オ）

②本時の指導計画

分	学習活動	指導上の留意点と評価規準（◇）
0	1　学習の目当てを確かめる。	・単元の学習計画とジーンカードのモデルを確認し、本時の目当てを視覚的にも確認できるようにする。
	「スーホの白い馬」のジーンとするところのわけを、交流してはっきりさせよう。	
2	2　本時の学習の進め方を確かめる。	・本時の学習が、次時の自分の選んだ作品の「ジーンとするわけ」をはっきりさせることにつながることを確認する。 ・全文掲示に貼った付箋を基に相手を選び、交流を進める様子を収録したモデル動画で、ポイントを共有する。
7	3　一人でジーンとするわけを考えて	・第4時に全文シートの「ジーンとするところ」に貼った付箋を

	みる。	手掛かりに、ジーンとするところを声に出して読み、ジーンとするわけを考えてみる。
12	4　相手を選んで交流を繰り返し、ジーンとするわけをはっきりさせていく。	・全文掲示に貼った付箋を手掛かりに、同じところを選んだ友達と交流したり、違う場面を選んだ友達と交流したりする。 ◇教師は机間指導による見取りを行い、登場人物の言動を手掛かりにしたり（C(1)エ）、体験と結び付けてわけを考えたり（C(1)オ）している子供をピックアップする。 ＊次時も同様の視点で評価する。
32	5　次の時間に自分の選んでいる物語のジーンとするわけを見付けられるようにするために、「スーホの白い馬」のジーンとするわけを学級全体で紹介し合う。	・机間指導でピックアップした子供を意図的に指名し、わけをはっきりさせるためには、言動を手掛かりにしたり自分の体験と結び付けたりするとよいことを確かめる。 ・「……って言っていて、大事に思っていることが分かるからジーンときた」「私も同じで……すると思うからジーンとする」など、典型的な説明の表現を意図的に板書する。
40	6　「スーホの白い馬」で見付けた「ジーンとするわけ」を書き出してみる。	・改めて各自の選んだ「ジーンとするところ」を読み返し、学習活動5で確かめた説明の表現をヒントに、「ジーンとするわけ」を書き出す。
43	7　次時の学習を確認する。	・書き終えた子供は、選んだ物語のジーンとする場面を読み、わけを考えてみる。
45		

■個別最適な学びを実現する指導のポイント

二年生はこれまでに「好きな物語を紹介する」といった基本的な言語活動を繰り返し行ってきています。「物語の内容の大体を読む」→「好きなところやジーンとする場面を見付ける」→「そのわけをはっきりさせる」といった学習過程を繰り返し体験していますので、逐一指示するのではなく、単元の学習計画表などを常時掲示しておき、各単位時間の目当てを確認するなど十分活用し、子供一人一人が見通しをもって学べるようにしましょう。

■協働的な学びを実現する指導のポイント

前掲の並行読書マトリックスは、使う目的（＝ゴールとなる言語活動）が子供たちにとって明確な場合に効果を発揮します。例えば「ジーンとする理由をはっきりさせるために、同じ物語を選んだ友達と交流する」「ジーンとするところはここだよ、と伝えるために、まだ読んでいない友達と交流する」など、目的を複数例示してみましょう。

第3節　3年「モチモチの木」

■事例の概要

1　単元名　お気に入りの登場人物を「イチオシの登場人物フリップ」で紹介しよう

2　単元で指導する主な指導事項

○〔知識及び技能〕(1)オ　様子や行動、気持ちや性格を表す語句の量を増し、話や文章の中で使うとともに、言葉には性質や役割による語句のまとまりがあることを理解し、語彙を豊かにすること。

○〔思考力、判断力、表現力等〕「C　読むこと」(1)エ　登場人物の気持ちの変化や性格、情景について、場面の移り変わりと結び付けて具体的に想像すること。

3　言語活動とその特徴

お気に入りの登場人物を「イチオシの登場人物フリップ」で紹介するという言語活動を位置付けます。「イチオシの登場人物フリップ」は、お気に入りの登場人物の性格を、あらすじや好きなところとそのわけなどを添えてフリップにまとめて説明するものです。

本単元では、指導のねらいとして、「登場人物の性格を具体的に想像」（C(1)エ）したり「性格を表す語句の量を増し」（知・技(1)オ）たりすることに重点を置きます。上掲の図は、

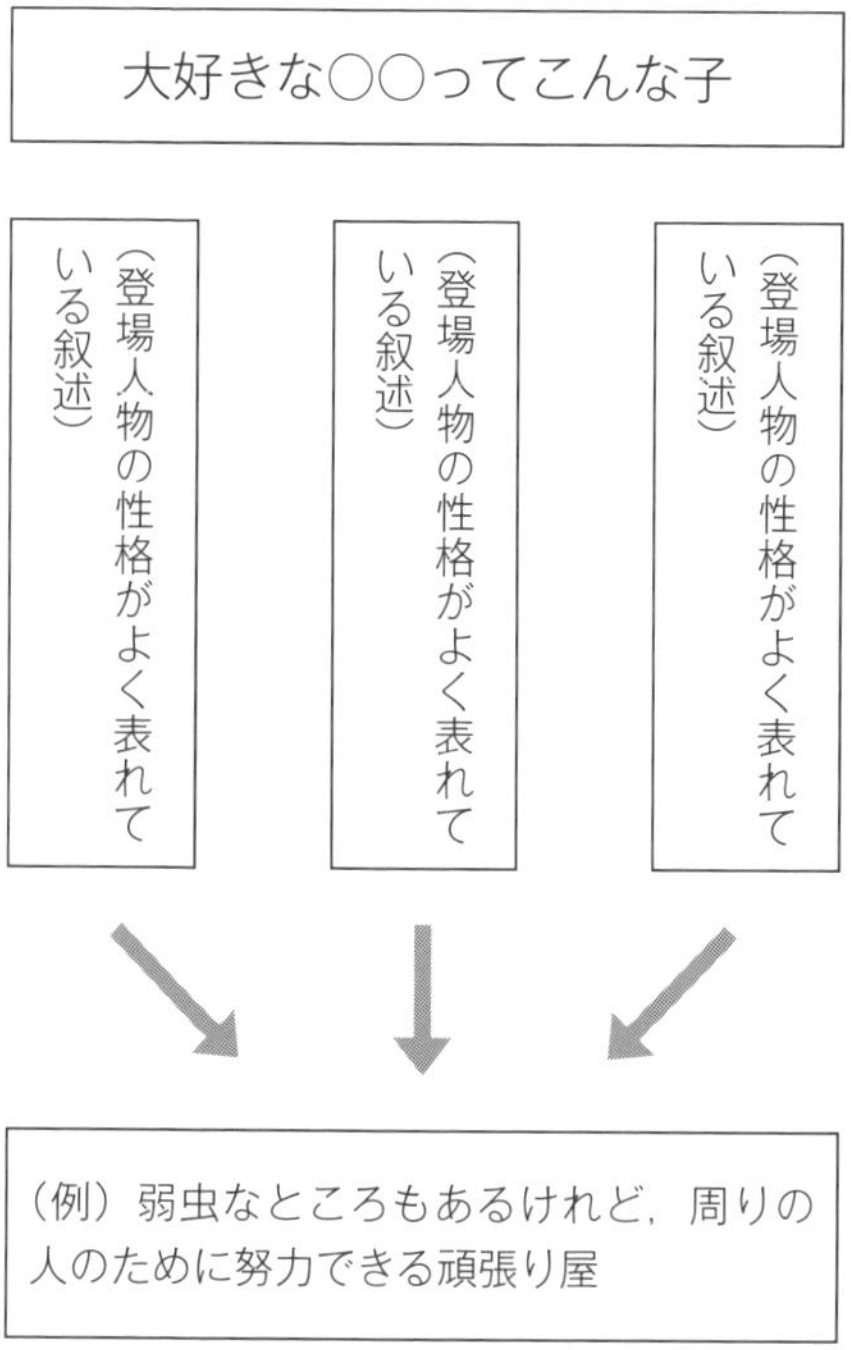

フリップの中の「イチオシの登場人物の性格」を説明するための部分です。

登場人物の性格は、物語全体に描かれた複数の叙述を結び付けることでより具体的に想像できます。

この構造をフリップに入れることで確実にねらいを実現します。

■ロングレンジを取り入れた単元構想のポイント

選んだ物語をカードやフリップなどにまとめて紹介する活動は一見どれも同じように見えますが、指導のねらいによってその内容構成を変えることが大切です。本単元では「登場人物の性格を具体的に想像する」ことをねらいますので、前頁の図のような構造にすることが考えられます。これを用いて、教科書教材である「モチモチの木」の主人公、豆太の性格を紹介してみます。その際、子供自身が見いだした、「豆太らしくていいな」と思う言動を複数結び付けて説明すると、よりはっきりと豆太のよさを説明できることを実感できるようにします。子供によって、どの叙述とどの叙述とを結び付けるかは異なってきます。

続いてその学びを生かし、自分が選んだ斎藤隆介作品の、お気に入りの登場人物を紹介していきます。教科書教材での学びを、自分が選んだ作品の大好きな登場人物の紹介に生かすことで、見通しをもった自律的な学びを促進することがポイントです。教師が指示した中心人物の性格を読み取らせるだけではなかなか得られない、より主体的な学びの姿を引き出しやすくなります。

■単元の指導計画（10時間扱い）

時	学習活動（○）	指導上の留意点（・）
1	○教師の紹介の演示を見て、「『イチオシの登場人物フリップ』で紹介する」という見通しをもつ。 ○学習計画を立てる。	・学年の本棚に、学校司書の協力を得て集めた斎藤隆介作品を置き、いつでも読めるようにしておく。 ・単にフリップを示すのではなく、作品を選び、複数の叙述を結び付けて好きな登場人物を紹介する過程を、フリップと結び付けて演示する。
2	○「モチモチの木」について、登場人物を確かめながら、内容の大体を読む。	・フリップの「あらすじ」に書きまとめるためにという目的を意識させる。
3	○選んで読んでいる斎藤隆介作品の、内容の大体を確かめて、ペアで紹介してみる。	・交流し、口頭であらすじを説明できるようになったらフリップの「あらすじ」に書き出す。 ・並行読書マトリックスを活用する。
4	○「モチモチの木」の好きな場面を見付ける。	・全文シートを活用し、物語全体を読み返しながら選んだり、交流してはっきりさせたりする。

5	○選んだ物語の好きな場面を見付ける。	・モデル動画や並行読書マトリックスを使い、ペア交流を繰り返す。
6	○「モチモチの木」の好きな場面のわけを明らかにする。	・既習である「場面の移り変わり」や「気持ちの変化」を手掛かりにわけを考え、交流を通して明確にしていく。
7	○選んだ物語の好きな場面のわけを明らかにする。	・前時の学習を生かし、好きな場面のわけを明らかにする。交流を通してはっきりさせたら、フリップの「イチオシの場面とそのわけ」に書く。
8	○「モチモチの木」の主人公豆太の性格を想像する。	・全文掲示を活用し、一人一人が見付けた「豆太らしくていいな」と思うところに付箋を貼る。付箋を手掛かりに交流し、複数の叙述を結び付けると性格がよりはっきりと説明できることを確かめる。
9	○選んだ物語のイチオシの登場人物の性格を想像し、フリップを完成させる。（本時9／10）	・前時の学習を生かし、物語全体から「この登場人物らしくていいな」と思う言動の叙述を見付け、複数を結び付けて性格を想像する。交流を通してはっきりさせたら、フリップの「イチオシの登場人物の性格」の欄に、元になる複数の叙述と想像した性格を書く。
10	○フリップと物語の絵本を用いて紹介し合う。	・紹介し終えたら、互いが紹介した物語を読んでみる。

■本時の指導（本時9／10）

①本時の指導目標

大好きな登場人物らしさがよく表れている複数の言動を結び付けて、イチオシの登場人物の性格を具体的に想像することができる。（C(1)エ）

②本時の指導計画

分	学習活動	指導上の留意点（・）と評価規準（◇）
0	1　学習の目当てを確かめる。	・フリップのモデルと単元の学習計画表を基に、本時の目当てを視覚的に確認できるようにする。
	選んだお話のイチオシの登場人物の性格をフリップに書いて完成させよう。	
20	2　本時の学習の進め方を確かめ、一人で好きなわけを考える。	・前時に学んだ「複数の叙述を結び付けて性格を想像する」ことを確かめた上で、一人でその登場人物らしくていいなと思うところを見付け、本の叙述に付箋を貼る（機械的にその登場人物の言ったことやしたことを押さえてしまうと、無数に該当する叙述が出てきてしまうので注意する）。

時間	学習活動	留意点
5	3 交流を通してどの叙述を基にどんな性格を想像できるのかを明らかにしていく。 （相手を選んで交流を繰り返し、好きなわけをはっきりさせていく）	・一人で考えて、「もう交流して確かめたい」と思った子供から、マトリックスを手掛かりに相手を見付けて交流を始める。 ・必要に応じ、タブレットに格納した交流のモデル動画を視聴できるようにする。 ☆相手を見付けたら、空いている席に横に並んで座る（立って交流はしない）。本を開いて二人の真ん中に置く。 ☆相手が「どこから性格が分かったの」などと尋ねて交流をスタートさせる。 ☆説明する子供は、ページをめくるなどしながら、複数の叙述を結び付けて、想像した性格を説明する。 ☆相手の子供も感想を述べる。 ☆交流終了後、再びマトリックスに向かい、相手を見付けて交流を繰り返す。
35	4 イチオシの登場人物の性格をフリップに書きまとめ、フリップを完成させる。	・もう大丈夫と思った子供から自席に戻り、フリップの「イチオシの登場人物の性格」（元になる複数の叙述と想像した性格）を書く。 ◇複数の言動を結び付けて、イチオシの登場人物の性格を具体的に想像している。（C(1)エ）
43	5 学習のまとめをする。	・完成したフリップを読み返し、次時に備える。
45		

■個別最適な学びを実現する指導のポイント

単元の導入を丁寧に行いましょう。第1時は、教師自身が選んで読んでいる物語の、大好きな登場人物を紹介する際、「一か所の叙述だけではうまく説明できなかったから、『その人物らしくていいな』と思う複数の叙述を基に性格を想像すると……」などと、物語を選んで読み、叙述を複数結び付けてお気に入りの登場人物を紹介していく過程を実演しながら、フリップの構造の意味を子供が実感できるようにするといった工夫が有効です。

■協働的な学びを実現する指導のポイント

交流も指導のねらいを踏まえて具体化します。第三学年では複数の叙述を結び付けて想像することをねらいますので、本のページをめくって複数の叙述を結び付けたり、全文シートの複数の叙述を横向きの線で結んだりしながら交流できるようにすることを目指します。モデル動画作成の際も、その姿を具体的に示すことがポイントです。

第4節　4年「一つの花」

■事例の概要

1　単元名　心に残る物語のよさを本の帯で伝えよう

2　単元で指導する主な指導事項

○〔知識及び技能〕(3)オ　幅広く読書に親しみ、読書が、必要な知識や情報を得ることに役立つことに気付くこと。

○〔思考力、判断力、表現力等〕「C　読むこと」

(1)エ　登場人物の気持ちの変化や性格、情景について、場面の移り変わりと結び付けて具体的に想像すること。

(1)オ　文章を読んで理解したことに基づいて、感想や考えをもつこと。

3　言語活動とその特徴

戦争と平和の物語を読み、心に残る物語の心に残る場面を「本の帯」にまとめる言語活動を位置付けます。本の帯は高学年や中学校でも活用可能な言語活動ツールですが、指導のねらいに応じて帯の構成を設定することがポイントとなります。

本単元では戦争と平和の物語を読みます。多くの作品には、戦時下の過酷な状況に加えて、前後の時代の穏やかな状況も描かれています。そこで「場面の移り変わりと結び付けて」想像して読むこと（C⑴エ）と「感想をもつこと」（C⑴オ）を重点的にねらいます。下のモデルは、このねらいに応じ、左面に「心にグッときた一文とそのわけ」を場面の移り変わりを基に説明し、右面には読んだ感想を初読時点と学び終えた後の感想とを比較して記載している例示となっています。

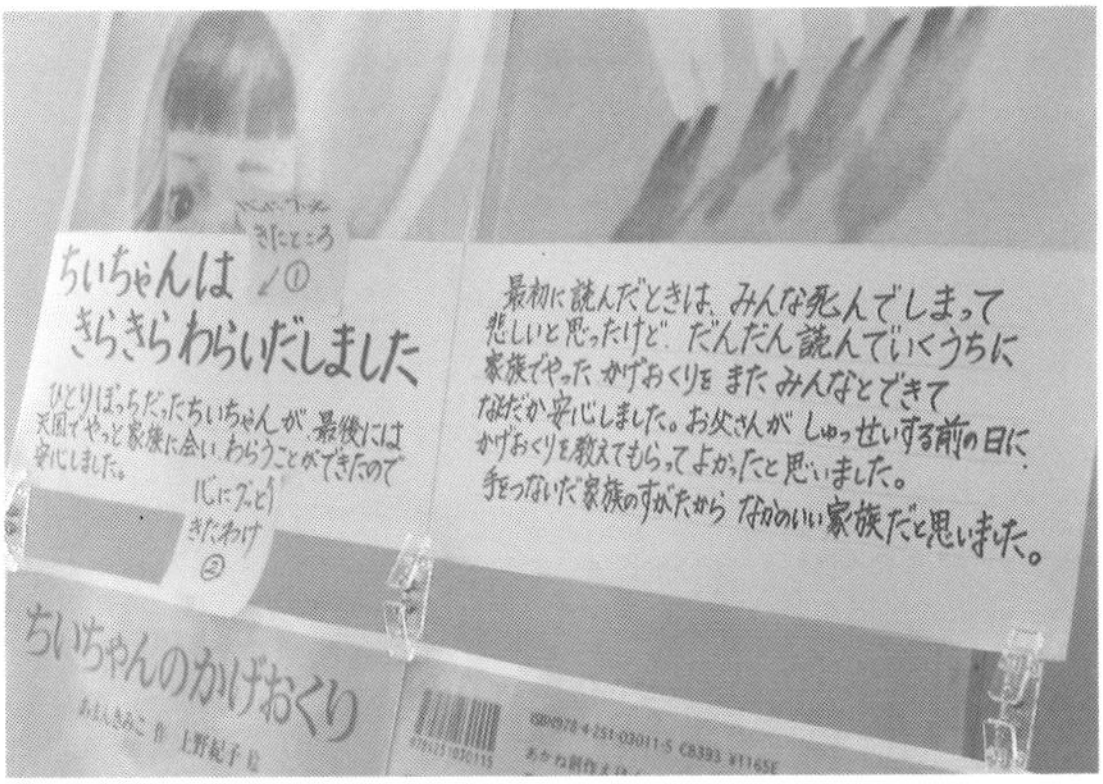

指導のねらいに即した文例の提示

■ロングレンジを取り入れた単元構想のポイント

ここでは単元の後半の数時間分を子供が判断して学び進める事例をご紹介します。

単元の前半を教科書教材「一つの花」で学び、後半は選んだ物語を同様に帯にまとめる単元構成です。前半の「一つの花」を読む過程では、「物語の内容の大体を捉える」↓「心に残る場面を見付ける」↓「そのわけを、場面の移り変わりを手掛かりにはっきりさせる」↓「初読時点の感想と対比させて読後の感想をはっきりさせる」といった手順で単位時間の学習を進めていきます。一時間一時間の学習が、帯を作っていく過程ともなります。

後半の、選んだ物語を読み、本の帯にまとめていく学習では、「一つの花」を読んで帯にまとめた学習を生かし、四時間分の学習計画や時間配分を、一人一人の子供が最適なものに調整できるように、学習内容の枠組を弾力化します。帯の完成（＝単元の最終時）から逆算しながら、「一つの花」と同じ手順で「心に残るところ」「わけ」「感想」などの各パーツを書き進める場合もあれば、選んだ作品をじっくり読むことに時間をかけて各パーツの内容を少しずつ考えていき、その後一気に帯に書き上げる場合もあります。

■単元の指導計画（10時間扱い）

時	学習活動（○）	指導上の留意点（・）
1	○教師自作の本の帯を用い、どんなパーツをどう書き表しているか分析する。 ○分析を基に学習計画を立てる。	・学校司書と連携して図書室に戦争と平和の物語コーナーを設置し、随時読み聞かせなどで触れさせる。 ・「心に残るところ（引用）」「そのわけ」「感想」のパーツがあることや、教師の文例を基に、場面の移り変わり、初読時点での感想との比較など、モデルのポイントを押さえる。 ・単元の後半は自分で計画していくことを確かめる。
2	○「一つの花」について、場面の状況を確かめながら、初読の感想を書き留める。	・初読時点での感想は、後の感想を書きまとめる際に生かすために書き留めておくことを確認し、感想を書く必然性を喚起する。
3	○「一つの花」の心に残るところを見付ける。	・いずれの時間も、考えをもったら交流し、それが明確になった時点で帯の形のワークシートに書き出すようにする。
4	○「一つの花」の心に残るわけをはっきりさせる。	・「わけ」は、「前は……だったのに、この場面では……」などと場面の移り変わりを手掛かりにすることを確認する。
5	○帯形のワークシートに「感想」を書	・初読時点の感想がどのように変化したかを強調して書く。

6・7・8・9	く。 ○自分の選んだ物語を帯にまとめる第6〜9時の学習の大づかみな見通しを立てる。 【想定される進め方】 □「一つの花」と同じステップで一時間に一パーツずつを目途に作成する。 □作品をじっくり読み込んだ後に、一気に帯にまとめる。 □先に感想を書き上げてから、心に残るところとそのわけに時間をかけて取り組む。　など （本時8／10）	・単位時間ごとに各パーツを書き進めたり、最後にまとめて書き出したりするなど複数の進め方を例示する。 ・単元の学習計画表上で最終第10時の実施月日を確認し、逆算して見通しをもって進められるようにする。 ・各時の最後に、次時の学習内容を決め、名前の磁石プレートを単元の学習計画掲示の当該の箇所に移動させ、各自の目当てを視覚化する。 ・並行読書材、教師の帯のモデル、「一つの花」での自作の帯型シート、並行読書マトリックス、交流のモデル動画、お互いの学習計画などを必要に応じて活用し、学習を進められるよう言語環境を整える。
10	○完成した帯を紹介し合うとともに、カラーコピーしたものを本に巻き付け図書室に置いてもらう。	・自分の学習計画とその成果を振り返り、今後に生かせるようにする。 ・自分の学習成果が、学校全体の読書活動推進にもつながることを実感できるようにする。

■本時の指導（本時8／10）

①本時の指導目標

物語の心に残るところを場面の移り変わりと結び付けて想像したり、初読の感想と比較して感想をもったりして帯に書くことができる。（C⑴エ、オ）

②本時の指導計画

分	学習活動	指導上の留意点（・）と評価規準（◇）
0	1　各自の学習の目当てを確かめる。 帯の完成に向けて「　　　」に取り組もう。	・前時末に立てた目当てを確認し、第10時を見据えて学習内容を確定する。
2	2　各自の学習計画に基づき、学習を進める。 【想定される学習内容例】 □「一つの花」と同様のステップで進め、「心に残るわけ」をはっき	・「　」内には各自の目当てが入る。 ・各自の学習計画は前時末の時点でICTを活用して教師に送る。教師はそれを一人一台端末及びモニターで一覧に表示し個別指導の見通しを立てる。 ・どのような学習計画であっても、自分が選んだ本を開き、ペー

45 40

りさせて帯に書く。

□前時までにおよそもった自分の読みについて、交流してはっきりさせ、次時はすぐに帯に書きまとめられるところまで進める。

□次時に、心に残るところとそのわけをはっきり書けるように、本時は感想を書きまとめておく。

□一通り帯の下書きを書いた上で、他の作品も読んで感想をより確かなものにする。　など

3　本時を振り返り、次時の学習の目当てを決める。

ジをめくって読み返すなどして進めることを確認し、対話だけ、ワークシートだけの学習にならないように留意させる。

・帯のモデルは、第1時の分析を書き添えて端末に配信し、各自の手元で文例やポイントを確認できるようにする。

・マトリックスの活用場面を含んだ交流のモデル動画は、各自のタブレットでも必要な時に視聴できるようにしておく。

・どの時間も、一人学びと交流の両方を組み合わせて学ぶようにし、学習活動がアンバランスにならないよう留意させる。

・一人で学ぶ時間が長くなりがちな子供には、自分の考えがまとまらなくてもよいことや、迷いがあるからこそ交流してはっきりさせればよいことなどを助言する。

・机間指導で学習状況を把握する。ページをめくって説明する姿が見られないなど、支援を要するペアには、三人目のメンバーとなって対話に加わり、「前の場面ではどうだったの?」などと、場面の移り変わりを意識できるようにする。

◇物語の心に残るところを場面の移り変わりと結び付けて想像している。(C⑴エ)

◇初読の感想と比較して感想をもっている。(C⑴オ)

・目当てをICTで教師に送り、学習計画表に貼っている名前の磁石プレートを、次時の学習の箇所に移動させる。

■個別最適な学びを実現する指導のポイント

単元の後半の一人一人が判断して学ぶ過程では、子供の見取りを一層きめ細かくしましょう。各単位時間の冒頭に個人の本時の目当てを明らかにしたり、終末の振り返りの時点で次時は何を行うかを明らかにしたりする活動を位置付けます。その際、単元の学習計画の掲示に、名前を書いた磁石プレートを貼って学習する箇所を明示させたり、ＩＣＴを活用して各自の本時の目当てを提出させたりすると、子供一人一人の状況が一目瞭然です。

■協働的な学びを実現する指導のポイント

「交流したら自分の考えがはっきりしてきた」といった交流のよさの実感が、質の高い交流の原動力となります。四年生では特に、一人一人の交流の目的の明確化がカギです。例えば「まだ自信がないから、同じ作品を読んでいる友達に聞いてもらいたい」「はっきりと考えをもてたから、友達に説明してみたい」等々の目標の具体を例示してみましょう。

第5節　5年「大造じいさんとガン」

■事例の概要

1　単元名　椋鳩十作品の魅力を「読書推薦シート」で推薦しよう

2　単元で指導する主な指導事項

○〔知識及び技能〕(1)ク　比喩や反復などの表現の工夫に気付くこと。

○〔思考力、判断力、表現力等〕「C　読むこと」(1)エ　人物像や物語などの全体像を具体的に想像したり、表現の効果を考えたりすること。

3　言語活動とその特徴

四年生までに本の紹介を経験したことを生かし、五年生では椋鳩十作品の魅力を推薦する言語活動を位置付けます。内容や自分の感じたよさを伝えることを中心とする「紹介」

に対して、高学年の指導事項である「表現の工夫」（知・技(1)ク）に気付いたり、「人物像や物語などの全体像を具体的に想像し」て、「表現の効果を考えたりする」（C(1)エ）ことをねらう上で、理由を明確にして発信する「推薦」は高学年にふさわしい言語活動です。

下のモデルは、このような指導事項に対応させて、推薦理由を登場人物の人物像や表現の効果などを観点としながら推薦する構造になっています。また、既習教材を活用して作品を推薦するモデルにすることで、四年生までの学習との違いを子供たちにも明確に提示できるものとなっています。こうしたモデルは、一方的に提示するのではなく、子供たちとともに分析してその特徴を共有していくことが大切です。

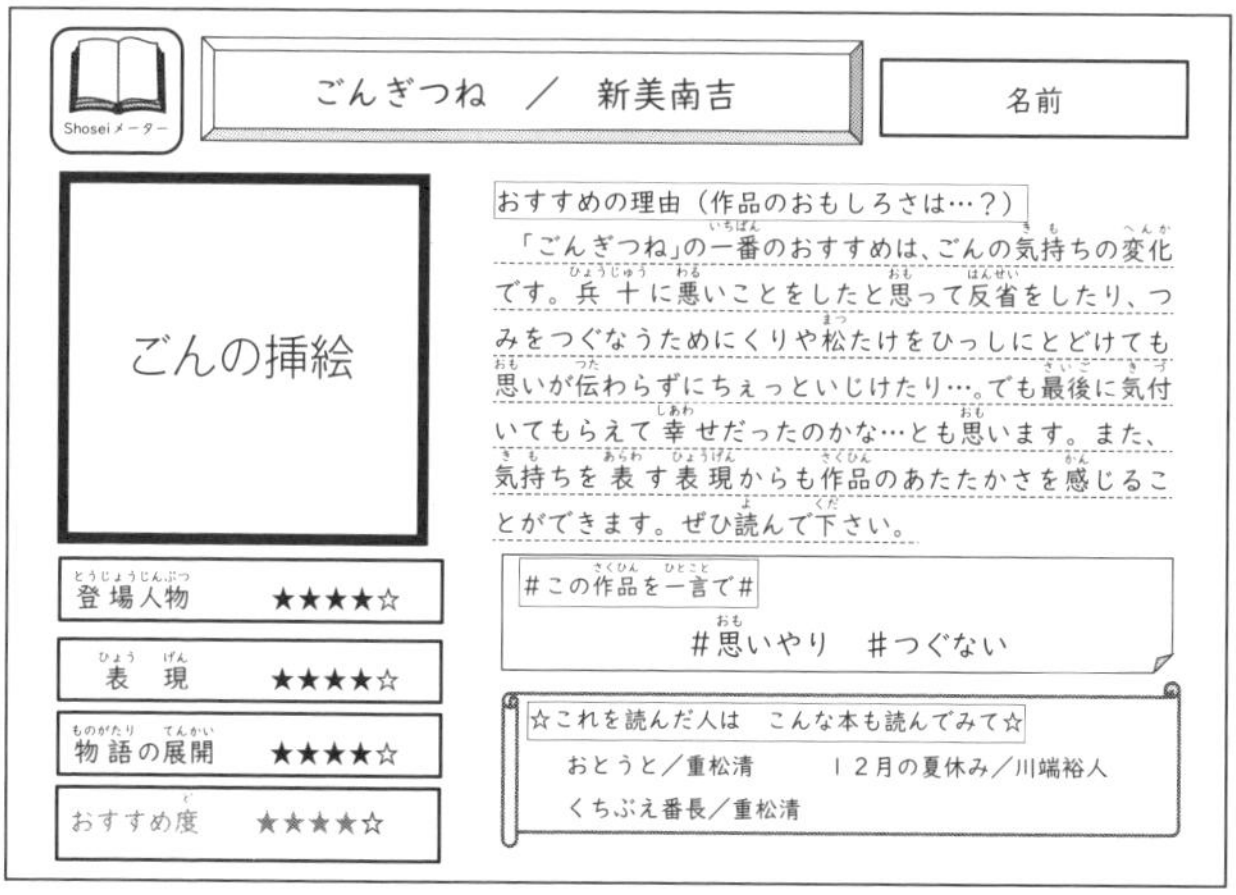

既習教材で作成した「読書推薦シート」のモデル

■ロングレンジを取り入れた単元構想のポイント

ここでは単元全体の学習の進め方を、子供自身が判断していく事例をご紹介します。この展開は子供一人一人が学習を最適なものに調整できる大きなメリットがあります。ただし、他領域も含めたロングレンジの学習活動などを十分経験していることが前提です。

単元の導入でゴールを見通すことは変わりありませんが、その後は子供一人一人が既習の学習経験を基に進め方を判断します。「まず（教科書教材の）『大造じいさんとガン』で読書推薦シートを作成して推薦のポイントをつかみ、その後自分の選んだ椋鳩十作品を読書推薦シートで推薦する」「自分の選んでいる作品をじっくり読み込んで、その魅力を確かめてから、『大造じいさんとガン』と並行して、選んだ作品を読書推薦シートで推薦していきたい」など、学習を自分事として捉えられるようにすることが、深い学びの実現に直結していきます。その際、心に響く作品を手に取れるような個に応じた指導、各単位時間の一人一人の計画を把握した上での机間指導、モデルの提示等々の言語環境的支援を緻密に行いましょう。手がかかっても、その分子供たちの学ぶ姿はぐんと伸びていきます。

■単元の指導計画（9時間扱い）

時	学習活動（○）	指導上の留意点（・）
1	○椋鳩十作品のブックトークや作者の紹介を聞き、「読書推薦シートで椋鳩十作品の魅力を推薦しよう」という学習の目当てを設定する。	・学年の本棚に椋鳩十作品コーナーを特設し、先行読書期間を設ける。子供の実態を踏まえ、幼年童話も含める。 ・子供の状況を把握しながら、一人一人が心に響く作品を見付けられるように支援していく。 ・既習の学習で作成したリーフレット型ツール等は一人一台端末に写真等で格納しておき、いつでも学習履歴を振り返ることができるようにする。 ・既習学習を基に、推薦理由として、 □人物の関係やその変化の面白さ □人物の性格や言動から伝わること □情景の美しさや描写の巧みさ □実体験との結び付き □言葉の響きやリズム感 などがあることを確かめる。
2	○学習のゴールの姿である読書推薦シートのモデルを基に、学級全体の学習計画を立てる。 ○既習学習経験を基に自分の学習の進め方について見通しをもつ。	

8・7・6・5・4・3	○各自の学習計画に基づき、物語の魅力の推薦に向けて学習を進める。 【想定される進め方】 □「大造じいさんとガン」の魅力をまとめてみてから、選んだ物語もさらによく読んで同様に魅力を推薦する。 □選んだ物語の魅力をじっくり読んで確かめてから、「大造じいさんとガン」で推薦のポイントをつかみ、更に選んだ作品の魅力を読書推薦シートにまとめる。 □両方をセットにして「内容の大体を把握する」「魅力を見付ける」「魅力と感じる理由を明らかにする」などのステップを踏んで進めていく。（本時7／9）	・「推薦理由を明らかにするために」等の目的を自覚し、全文掲示や並行読書マトリックスを活用して、十分にペア交流を行えるようにする。 ・交流に際しては、常に全文シートや本のページの叙述を基に、それぞれの課題意識を明確にして情報交換し、読書推薦シートでの魅力推薦につながるようにする。 ・各単位時間の学習の最後には、振り返りと、次時に取り組む内容を記述する。その後、学級全体の学習計画表の該当箇所に、磁石に名前を書いたプレートを移動する。 ・学級全体の学習計画表は、国語の時間は教室前方に置いた移動可能なホワイトボードに掲示しておく。 ・学習計画表上で最終第9時の実施月日を確認し、逆算して見通しをもって進められるようにする。 ・最終の作品の推薦の動画も随時タブレットで視聴できるようにし、最終ゴールを常に具体的にイメージできるようにしておく。
9	○読書推薦シートと作品を交流し、学習のまとめと振り返りを行う。	・完成した読書推薦シートと作品の推薦は、個人情報に配慮しつつ学習記録として録画し、後日活用する。

■本時の指導（本時7／9）

①本時の目標

作品の魅力を推薦することに向けて、人物像や物語などの全体像を具体的に想像したり、表現の効果を考えたりすることができる。（C(1)エ）

②本時の指導計画

分	学習活動	指導上の留意点（・）と評価規準（◇）
0	1　各自の学習の目当てを確かめる。 読書推薦シートでの推薦に向けて「　　」に取り組もう。	・前時の振り返りと本時の目当てを確認し、本時の取組を決める。
20	2　各自の学習計画に基づき、学習を進める。 【想定される学習内容例】 □一通り書き終えた読書推薦シートの内容を基に、交流を通して友達に意見を求め、内容をよりよいも	・次時で読書推薦シートを完成させることを念頭に、本時の学習の内容・方法とその時間配分を考えられるようにする。 ・どのような学習計画であっても、推薦する作品を読んだり読み合ったりすることを中心に据えることを確認し、対話だけ、書くだけの学習にならないようにする。 ◇作品の魅力を推薦することに向けて、人物像や物語などの全体

35

のにする。

□一つ一つのパーツを作成しながら進めているので、本時のパーツを完成させる。

□前時までに読書推薦シートのおよその内容を、作品をじっくり読みこんで想定しておき、本時は十分交流してはっきりさせ、次時はすぐに書き出せるところまで進める。

など

像を具体的に想像したり、表現の効果を考えたりしている。

(C⑴エ)

・教師は、右の評価規準（◇）を踏まえて、前時の学習計画の記述や、想定される学習内容を手掛かりに具体的な支援を行う。

・これまでの学習状況を踏まえ、重点的な支援を必要とする子供に対する単元を通した手立てを想定しておく。

【重点的な支援を必要とする子供への単元全体を通した手立ての想定例】

□早い段階から一緒に本を読んで心に響く作品を見付けられるようにする。

□読書習慣のない子供については、幼年童話も含めて作品に触れさせる。

□心に響くところを見いだせない子供には、同じ作品に心を響かせている子供と交流するよう促す。

□心に響くわけがはっきりしない子供には、教師のモデルの「おすすめの理由」の文例を読み返して使えそうなものはないか一緒に探したり、同じ作品を選んでいる子供との交流を促したりしてみる。

43 45

3　本時を振り返り、次時の学習の目当てを決める。

・学習を振り返り、次時の目当てを立てるとともに、学習計画表に貼っている名前の磁石プレートを移動させる。

■個別最適な学びを実現する指導のポイント

子供たちの学びが、単に読書推薦シートを作る作業に陥らないようにすることが大切です。そのためには、「自分の心に強く響く作品はどれだろう」「自分はその作品のどこに魅力を感じているのだろう」「その理由はどのように説明できるだろう」といった、子供一人一人がもつ、言語活動に結び付く問いを常に意識できるようにしていきましょう。

■協働的な学びを実現する指導のポイント

自分の問いが明確になっていれば、必然的に交流が機能していきます。その際、言語活動である「推薦」の特徴をはっきり自覚できるようにすることがポイントです。「推薦」するためには、相手にもその作品の魅力が十分伝わるようにする必要があります。並行読書マトリックスを活用する意味合いを子供たちと十分共有することで、「自分の選んでいる作品の魅力を推薦するために」といった、目的を明確にした交流が可能になります。

第6節　6年「やまなし」「イーハトーヴの夢」

■事例の概要

1　単元名　読書座談会で発見する、宮沢賢治作品の魅力

2　単元で指導する主な指導事項

○〔知識及び技能〕(3)オ　日常的に読書に親しみ、読書が、自分の考えを広げることに役立つことに気付くこと。

○〔思考力、判断力、表現力等〕「C　読むこと」(1)カ　文章を読んでまとめた意見や感想を共有し、自分の考えを広げること。

3　言語活動とその特徴

本事例では、「C　読むこと」(1)カ（共有）を指導するため、言語活動として読書座談

会を位置付けます。「共有」の資質・能力を育成するためには、長い時間をかけて解釈した後、形式的に短時間交流させるのでは十分ではありません。むしろ交流を通して読み返し、さらに交流を通して新たな意味に気付くなどして考えを広げていくことが求められます。そのため、交流を軸に展開する読書座談会等はうってつけです。

読書座談会を行うに当たっては、教師自身が実際に読書座談会を複数回繰り返し行ってみることが必須になります。録画してモデル動画として活用できますし、何より授業するに当たって、「読書座談会とはどのようなものか」を教師がはっきりとつかみ、見通しをもって指導しやすくなります。こうした教材研究をすることで、準備した解釈を述べ合うだけになるといった状況を回避しやすくなります。

なお、中学年でも読書座談会を行うことが可能です。中学年では、単一の作品を対象に行いますが、高学年では、他の作品や文章とも結び付けて疑問を解き明かしていくことが特徴です。いずれの場合も、「（教師がもっている）正解の解釈を言い当てる」のではなく、「自ら、あるいは協働して、解を見いだしていく」という実感をもてるようにすることや、その発見過程の楽しさを十分味わわせることがポイントです。

■ロングレンジを取り入れた単元構想のポイント

読書座談会は「共有」の資質・能力を育成するためのものですから、メンバー全員が同じ作品を読んでいることが前提になります。その際「グループで一つの作品を決める」のではなく「同じ作品を選んでいるメンバーが集まってグループを作る」ことがポイントとなります。可能な限り、子供一人一人が強い思いを抱く作品を対象に読書座談会を行えるようにするためです。そこで選書に当たっては、まず幅広に宮沢賢治作品を読み、その後子供の希望を踏まえて数作品（下の写真の線で囲んだ作品）に絞り、そこから各自が読書座談会をしたい作品を選ぶといった手立てが有効です。

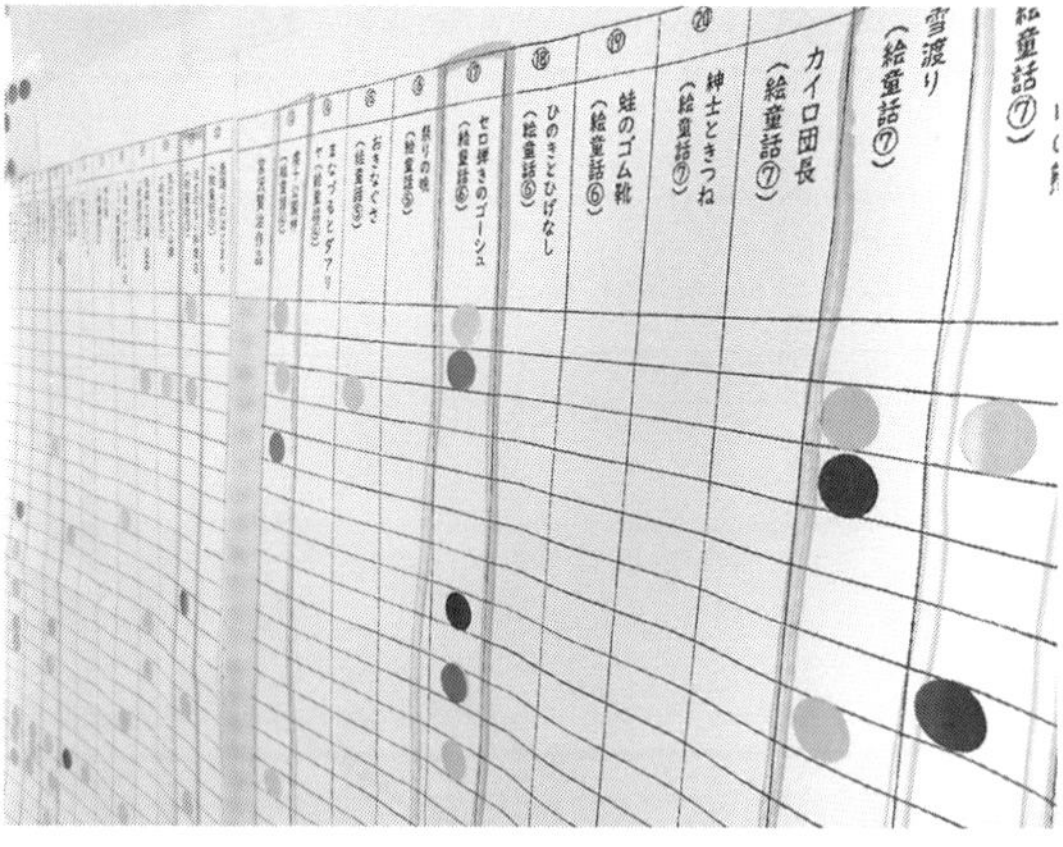

「共有」をねらう場合の並行読書マトリックス

■単元の指導計画（8時間扱い）

時	学習活動（○）	指導上の留意点（・）
1	○教師四名で行った読書座談会のモデル動画を視聴し、読書座談会の特徴を確かめる。 ○単元の学習計画を立てる。	・図書室に宮沢賢治作品コーナーを特設し、先行読書期間を設ける。賢治の伝記等も含める。 ・メンバーが提示した疑問を解き明かし合う活動であることや、叙述と叙述とを結び付けながら、新たな読みを発見していく楽しさがあること、賢治の伝記と結び付けてもよいことなどを確かめる。
2	○読書座談会に向けて「やまなし」を読み、内容の大体をつかむ。	・全文掲示を活用して一読して見付けた疑問を交流し、各自が読書座談会で話し合いたい疑問のイメージをつかめるようにする。
3	○「やまなし」の読書座談会で解き明かしたい疑問を見付ける。	・各自の疑問を交流し、グループで取り上げるものを決める（全員の疑問が取り上げられるようにする）。 ・選んだ疑問について「やまなし」や「イーハトーヴの夢」の叙述を手掛かりに予想をもつ。
4	○「やまなし」の読書座談会①を行う。	・疑問を一つずつ解き明かし合っていく。その際、常に「やまな

		し」や「イーハトーヴの夢」の叙述を引用し、解釈の根拠を確認し合う。
5	○「やまなし」の読書座談会②を行う。	・並行読書マトリックスの読書状況を踏まえて、単元の後半で読書座談会を行う対象作品を、子供たちの希望の上位四作品程度に絞る。 ・第一回読書座談会で残ってしまった疑問や新たに出てきた疑問などを解き明かし合う。 ・公立図書館等とも連携し、可能な限り子供の人数分の本を揃える。
6	○各自が任意に選ぶ作品の読書座談会を行うに当たり、同じ作品を選んだ子供同士で四名程度のグループを作り、各自の疑問を見付けたり予想をもったりする。	・見付けた疑問を交流し、解き明かし合いたいものを選ぶ。 ・予想する際には当該の作品の叙述に加えて、「やまなし」や「イーハトーヴの夢」にも手掛かりがないか、探すようにする。
7	○選んだ作品での読書座談会①を行う。 （本時7／8）	・読書座談会の時間を最大限確保し、その間教師は机間指導を重点的に行う。支援が必要なグループに、メンバーの一人として加わり、望ましいやり取りを意図的に例示していく。
8	○選んだ作品での読書座談会②を行い、学習のまとめをする。	

■本時の指導（本時7／8）

①本時の指導目標

選んだ作品を読んで見付けた疑問について、作品の叙述や他の作品・文章の叙述と結び付けながら読書座談会で共有し、自分の考えを広げることができる。（C(1)カ）

②本時の指導計画

分	学習活動	指導上の留意点と評価規準（◇）
0	1　各自の疑問や予想を確かめる。	・選んだ作品を読み返し、解き明かし合いたい疑問を確かめる。
	選んだ作品の読書座談会①を行い、疑問を解き明かそう。	
20	2　グループ読書座談会を行う。	・前時に決めた順で疑問を出していく。一見当たり前だったり、取り上げるまでもないような疑問だったりしても、叙述を基に新たな意味を見いだせないか検討してみる。 ・提示された疑問を解き明かし合う際には、当該の作品だけでなく、「やまなし」や「イーハトーヴの夢」、並行読書している他の作品などの叙述も手掛かりにできないか検討してみる。

【例】

○（「セロ弾きのゴーシュ」）なぜ動物も話ができるの。

○それは、そういう物語の設定なんじゃないかな。他の作者の物語だって、動物もしゃべっているよ。

○「イーハトーヴの夢」には、「人間も動物も植物も、たがいに心が通い合うような世界が、賢治の夢だった」ってあるよ。

○なるほど、確かに。

◇選んだ作品を読んで見付けた疑問について、作品の叙述や他の作品・文章の叙述と結び付けながら読書座談会で共有し、自分の考えを広げている。（C(1)カ）

・教師は、右の評価規準（◇）を踏まえて、各グループの机間指導を繰り返す。支援が必要だと判断されたグループについては、メンバーの一員として加わり、「疑問に思ったことって、こういう意味かな。もう一度疑問を教えて」「それって、他の作品にも描かれていないかな」「賢治の伝記や『イーハトーヴの夢』が手掛かりかも」などと投げかける（原則として、全体に指示を出すために協議を中断させるといったことは行わないようにする）。

40

3　本時を振り返り、次時で解き明かし合いたい疑問や、新たに出てきた疑問について出し合い、取り上げる疑問を決める。

45

■個別最適な学びを実現する指導のポイント

読書座談会は、主に作品を読んで生まれた疑問を解き明かし合っていく活動です。同じ作品を読んでも、抱く疑問は子供によって異なります。一人一人の見いだした疑問を検討することができるようにするため、学級の人数にもよりますが、十名を超える学級では、グループで行うことが基本となります。最初は疑問の質が高まらないこともありますが、安易に教師が考えさせたい疑問に絞ってしまっては子供の意識からそれてしまいます。

■協働的な学びを実現する指導のポイント

本事例では、作品から見いだされた疑問を解き明かす手掛かりとして、賢治の生涯を描いた「イーハトーヴの夢」や、他の賢治作品の叙述を結び付けていきます。正しい答えを先んじて言い当てることが目的ではなく、意外な結び付きを発見する楽しさや、新たな解釈を発見する面白さを実感できるようにすることで、協働的な学びが一層充実します。

【著者紹介】
水戸部　修治（みとべ　しゅうじ）
京都女子大学教授。
小学校教諭，県教育庁指導主事，山形大学地域教育文化学部准教授等を経て，文部科学省初等中等教育局教育課程課教科調査官，国立教育政策研究所教育課程研究センター総括研究官・教育課程調査官・学力調査官，平成29年４月より現職。専門は国語科教育学。平成10・20年版『小学校学習指導要領解説国語編』作成協力者。主な著書に，『国語授業の「個別最適な学び」と「協働的な学び」』，『小学校国語科　ICT＆１人１台端末を活用した言語活動パーフェクトガイド』，『評価規準作成から所見文例まで丸ごと分かる！小学校国語新３観点の指導と評価パーフェクトガイド』，『教材研究から学習指導案まで丸ごと分かる！小学校国語科　研究授業パーフェクトガイド』，『小学校新学習指導要領　国語の授業づくり』，『平成29年版　小学校新学習指導要領の展開　国語編』（明治図書）などがある。

「個別最適な学び」と「協働的な学び」を実現する
国語授業モデル
主体的な学びを支える「ロングレンジ」の活動アイデア

2024年９月初版第１刷刊　©著　者　水　戸　部　修　治
2025年４月初版第２刷刊　発行者　藤　原　光　政
発行所　明治図書出版株式会社
http://www.meijitosho.co.jp
（企画）木山麻衣子（校正）丹治梨奈
〒114-0023　東京都北区滝野川7-46-1
振替00160-5-151318　電話03(5907)6702
ご注文窓口　電話03(5907)6668

＊検印省略　組版所　株式会社アイデスク

Printed in Japan　ISBN978-4-18-399622-0